홍보의 기술

시장군수 영웅 만들기

시작하는 글

"성을 쌓는 자 망하고, 길을 내는 자 흥할 것이다."

돌궐제국을 부흥시킨 돌궐의 명장 톤유쿠크(Tonyuquq)의 말이다. 성과 길은 곧 정체와 소통을 의미한다.

국가와 지방을 책임지고 롱런하는 리더의 비결은 공감과 소통에서 출발한다. 이들은 늘 끊임없이 대화하고 설득하며 사람들과 좋은 관계를 맺어 나간다.

재선과 3선을 이어가는 시장·군수들의 '비법'도 주민들과의 그치지 않는 공감과 소통이다.

이 책에 주민들과 공감하고 소통하는 방법을 자세히 담았다.

가장 적은 비용으로 지방선거에서 승리를 보장받는 홍보 기법 말이다.

기자로 15년, 홍보 담당 공무원으로 15년여를 뛰었다.

남보다 앞선 기사를 쓰고 싶어 욕심을 부렸고, 더 많은 내용을 알리고 싶어 또다시 욕심을 냈다. 돌이켜 보니, 결국 뼛속까지 홍보맨이었다.

홍보와 홍보맨. 30여 년을 홍보맨으로 산 내게 어떤 이들은 둘의 함수관계를 묻거나 홍보의 매력이 대체 무엇이냐고 물어온다.

그럴 때마다 "쉽고도 어려우며 다음날 웃는 것이 홍보"라고 대답한다.

단순히 보도 자료나 쓰는 일이라면 쉬운 일이다. 하지만 홍보 업무가 어디 그뿐인가. 기자들의 입맛에 맞게 자료를 가공하고 어느 시점에 뿌려 톱기사로 만들 것인지, 그 과정만으로도 결코 만만치 않다.

최근 들어 자치단체 홍보가 소셜미디어(SNS)와 접목되면서 그야말로 혁명을 낳고 있다. 자치단체 유튜브 영상 조회 수가 수백만에 달하고 구독자 역시 수십만을 기록하고 있다. 고루하고 재미없다던 자치단체 홍보가 '재미있다'고 하니 예전에는 상상할 수도 없었던 일이다.

이제 모바일을 통해 영상 콘텐츠를 소비하는 팔로워를 확보하는 일이 홍보 업무의 급선무가 됐다. 팔로워는 결코 저절로 늘어나지 않는다. 이 일 또한 분명히 녹록하지 않은 것도 사실이다.

그러나 각 플랫폼의 메커니즘을 알고 나면 어려울 것도 없다. 세상사가 그렇듯 배우고 익히면 얼마든지 성공의 기법은 존재한다.

이 책에 대한민국 자치단체 홍보의 모든 것을 담고 싶었다. 한번 훑어보는 것으로 자치단체 홍보의 윤곽을 단번에 알 수 있도록 했다. 나아가 더 이상 다른 홍보 책자를 읽어 볼 필요 없이 홍보 업무 현장에서 분야별로 써먹을 수 있도록 하자는 생각으로 썼다.

장황한 설명보다 반드시 필요한 핵심만 정갈하게 골라 정리하기 위해 노력했다. 현장에서 뛰는 홍보 업무자들을 만나 인터뷰도 했다.

여러모로 부족하기 짝이 없지만, 홍보 업무자들이나 홍보에 관심 있는 분들이 이 책을 본 뒤 "이렇게 하면 되겠구나."라는 자신감을 갖는다면 큰 보람이겠다.

"기회는 준비된 자에게만 온다."
(Everything comes to those who wait.)
맞는 말이다. 미리 준비해 온 자만이 승리를 이어간다.
틀림없는 동서고금의 진리가 아닐 수 없다.

늘 고마운 아내와 편집에 도움을 준 동료 최훈, 강민석에게 감사의 말을 전한다.

차례

진화하는
자치단체 홍보

홍보 패러다임이 바뀌고 있다

일반적으로 자치단체(공공기관)의 홍보(Public Relation)는 정책을 주민들에게 폭넓게 알리고 이해와 관심을 유도하는 데 목적을 둔다. 또 편견과 무관심에 대해서는 설득을 통해 주민들의 지지와 협력을 이끌어 내는 것 역시 홍보 목적에 포함된다.

이런 목적을 달성하기 위한 방법으로 자치단체는 그동안 신문이나 방송의 홍보 채널에 상대적으로 더 많은 관심을 가져왔다. 그러나 컴퓨터와 인터넷, 모바일 시대가 열리면서 글로벌 통신수단으로 떠오른 SNS(Social Network Service)가 우리 생활의 한 부분을 차지했고 자치단체의 홍보도 다채널을 이용하는 새로운 전환기를 맞았다.

자신의 의견과 생각, 경험 등을 공유하고 개인 간의 관계 형성과 소통을 위해 시작된 온라인 플랫폼 SNS는 이제 기업 홍보를 넘어 자치단체와 만나면서 홍보의 패러다임을 바꾸고 있다.

페이스북과 블로그, 트위터, 카카오스토리, 싸이월드, 인스타그램, 네이버 밴드, 유튜브 등의 강점인 공감과 공유, 신속한 확산으로 쌍방향 커뮤니케이션이 이뤄지면서 자치단체의 홍보가 날마다 진화하고 있다.

최근 들어 정부나 공공기관, 자치단체들은 너나 할 것 없이 유튜브에 빠졌다. 어려운 정책도 쉽게 설명해 주거나 B급 감성의 콘텐츠는 웃음과 재미까지 안겨주면서 가장 주목받는 홍보 채널이 되었다.

그러나 자치단체 홍보를 SNS가 모두 대신할 수는 없다.

여전히 신문과 방송의 홍보 비중은 막강하며 지역 이미지를 높이기 위한 홍보대사 활용과 시너지 효과를 높이기 위한 인접 시·군 간의 연계 홍보 역시 활용 가치가 높다.

'홍보가 일의 절반이다'는 말은 그만큼 홍보의 중요성을 강조한 것이다. 자치단체의 홍보 콘텐츠를 확대하기 위한 방안들을 모았다.

세상과
소통하는 창,
SNS

세상과
소통하는 창, SNS

모바일 환경이 변화 주도

대부분 사람들의 하루는 SNS(Social Network Service)로 시작
된다. 눈 뜨자마자, 모바일을 열거나 PC를 찾아 새로운 정보를 확
인하고 소통하면서 콘텐츠를 공유한다. 시간과 장소도 가리지 않
는다. 커피숍, 지하철, 정류장, 극장 앞에서 줄을 서 기다리면서도
앱(App)에 접속한다. 매체도 다양하다. 트위터, 페이스북, 인스타
그램, 유튜브, 카톡, 밴드 등을 통해 끊임없이 대화하며 콘텐츠를
퍼 나른다. KISDI(정보통신정책연구원, 2019)의 자료에 따르면
2018년 기준 조사 응답자 2명 중 1명이 SNS를 이용하는 것으로
조사됐다.

왜 이 많은 사람들이 SNS를 할까. 이유는 참으로 다양하다. 어
떤 사람은 대인관계를 유지하기 위해서, 관심 분야 정보를 알고 싶
어서, 혹은 다른 사람들이 궁금해서, 자신을 표현하고 싶어서, 일
상에서 위로받고 싶어서 등등 이유는 끝이 없다.

SNS에 장시간 노출되고 사생활이 공유되면서 SNS 자체가 피곤하다는 'SNS 피로 증후군'에 시달리면서도 유저들은 아랑곳하지 않는다.

자신의 취향에 맞는 새로운 플랫폼이 나오고 보다 많은 정보에 접근할 방법이 생기면서 SNS 이용자 수는 날로 증가추세이다.

그 개념도 바뀌었다. 과거에는 자신이 가입한 카페나 블로그에 글을 올리면 다른 사람이 내 홈페이지에 방문, 소통하는 방식이었으나 지금은 디바이스의 변화에 따라 특정 내용을 공유하는 마이크로 블로거의 개념으로 SNS의 패러다임 자체가 변했다.

이 변화를 이끈 것은 모바일 환경이다.

스마트폰을 통해 글을 공유하고 내 홈에서 다른 사람의 글이나 사진, 영상 등을 쉽게 볼 수 있으며 어디서든지 실시간으로 접속과 소통이 가능해진 것이다.

1인 미디어, 1인 커뮤니티를 포함하여 웹 콘텐츠는 갈수록 진화하고 있으며 새로운 플랫폼이 시시각각 나오면서 공유와 소통 역시 새로운 방법과 방향으로 발전해 가고 있다.

📢 SNS 활용하기

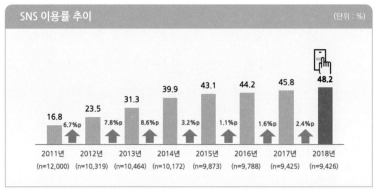

SNS 이용률 추이   (단위 : %)

16.8   23.5   31.3   39.9   43.1   44.2   45.8   48.2

6.7%p   7.8%p   8.6%p   3.2%p   1.1%p   1.6%p   2.4%p

2011년   2012년   2013년   2014년   2015년   2016년   2017년   2018년
(n=12,000) (n=10,319) (n=10,464) (n=10,172) (n=9,873) (n=9,788) (n=9,425) (n=9,426)

출처 | KISDI STAT report 'SNS 이용 추이 및 이용 행태 분석' 19-10호

💬 2명 중 1명이 SNS 한다

KISDI(정보통신정책연구원)가 조사한 우리나라 국민 SNS 이용률 추이에 따르면 2011년부터 2014년까지 연평균 30%대의 증가세를 보이다가 2014년 이후 증가가 둔화되는 양상을 보였으며 다시 2018년 기준 48.2%가 이용하는 것으로 나타났다. 이 수치로 보면 조사 응답자 2명 중 1명꼴로 SNS를 이용하는 셈이다.

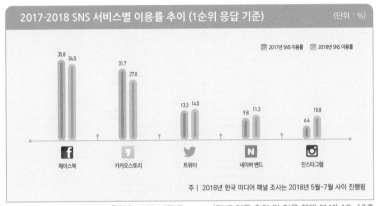

2017-2018 SNS 서비스별 이용률 추이 (1순위 응답 기준)   (단위 : %)

■ 2017년 SNS 이용률 ■ 2018년 SNS 이용률

35.8 34.0   31.7 27.0   13.3 14.0   9.8 11.3   6.4 10.8

페이스북   카카오스토리   트위터   네이버 밴드   인스타그램

주 | 2018년 한국 미디어 패널 조사는 2018년 5월~7월 사이 진행됨

출처 | KISDI STAT report 'SNS 이용 추이 및 이용 행태 분석' 19-10호

🗨 페이스북, 대세

우리나라 사람들의 SNS 매체 선호도는 어떨까? 2018년 서비스
별 이용률 조사에서는 페이스북(34.0%)—카카오스토리(27.0%)—
트위터(14.0%)—네이버 밴드(11.3%)—인스타그램(10.8%) 순으로
나타났다. 그렇지만 이 매체별 순위는 이용자들의 환경에 따라 얼
마든지 변할 수 있는 속성을 지니고 있다.

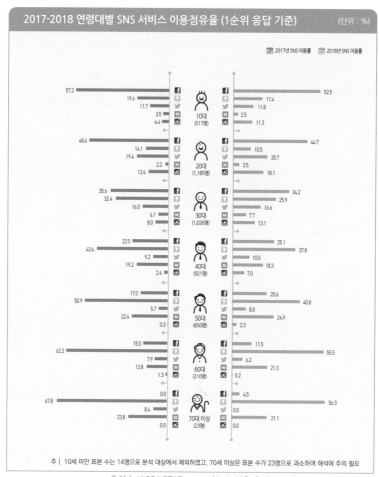

2017-2018 연령대별 SNS 서비스 이용점유율 (1순위 응답 기준) (단위 : %)

2017년 SNS 이용률　　2018년 SNS 이용률

10대 (517명)
2017	2018
57.2	52.5
19.6	17.4
11.7	11.8
3.5	2.5
4.4	11.3

20대 (1,185명)
2017	2018
48.6	44.7
14.1	10.5
19.4	20.7
2.2	3.5
12.4	18.1

30대 (1,026명)
2017	2018
35.6	34.2
32.4	25.9
16.0	16.6
6.1	7.7
8.0	13.1

40대 (921명)
2017	2018
22.0	25.1
43.6	37.8
9.2	10.0
19.2	18.3
2.4	7.0

50대 (650명)
2017	2018
17.0	20.6
50.9	40.8
5.7	8.0
22.4	24.9
0.3	2.3

60대 (210명)
2017	2018
15.0	11.5
62.2	55.5
7.9	6.2
12.8	21.3
1.3	0.2

70대 이상 (23명)
2017	2018
0.0	4.5
67.8	56.3
8.4	0.0
23.8	21.1
0.0	0.0

주 | 10세 미만 표본 수는 14명으로 분석 대상에서 제외하였고, 70세 이상은 표본 수가 23명으로 과소하여 해석에 주의 필요

출처 | KISDI STAT report 'SNS 이용 추이 및 이용 행태 분석' 19-10호

🗨 나이 많으면 카카오스토리

　연령대별로는 10~30대 인스타그램 이용률이 10%대로 높게 나타났으며 연령대가 높을수록 카카오스토리, 네이버 밴드의 이용률이 높고 연령대가 낮을수록 페이스북의 이용이 높게 나타났다.

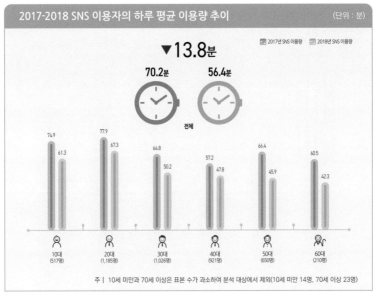

2017-2018 SNS 이용자의 하루 평균 이용량 추이 (단위 : 분)

▼13.8분

70.2분   56.4분
전체

주 | 10세 미만과 70세 이상은 표본 수가 과소하여 분석 대상에서 제외(10세 미만 14명, 70세 이상 23명)

출처 | KISDI STAT report 'SNS 이용 추이 및 이용 행태 분석' 19-10호

20대, 1시간 이상 이용

SNS 평균 이용 시간은 20대가 하루 평균 1시간 7분을 이용, 가장 많았으며 나이별로는 10대(1시간1분), 30대(50분), 40대(48분), 50대(46분), 60대(42분)의 순으로 나타났다.

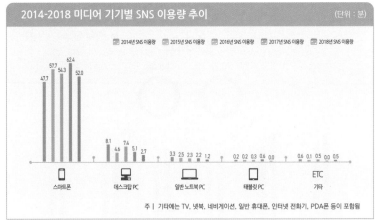

출처 | KISDI STAT report 'SNS 이용 추이 및 이용 행태 분석' 19–10호

💬 스마트폰이 주류

SNS 기기별 이용량은 스마트폰이 하루 평균 52분으로 가장 많았으며 데스크톱PC(2.7분), 노트북PC(1.2분) 순이었다. 스마트폰의 다양한 앱 개발을 통해 활용 범위가 날로 넓어지면서 스마트폰의 이용률은 더 높아질 것으로 전망된다.

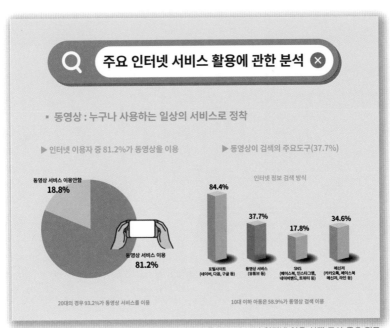

주요 인터넷 서비스 활용에 관한 분석

• 동영상 : 누구나 사용하는 일상의 서비스로 정착

▶ 인터넷 이용자 중 81.2%가 동영상을 이용 　　▶ 동영상이 검색의 주요도구(37.7%)

동영상 서비스 이용안함
18.8%

동영상 서비스 이용
81.2%

20대의 경우 93.2%가 동영상 서비스를 이용

인터넷 정보 검색 방식

84.4%
포털사이트
(네이버, 다음, 구글 등)

37.7%
동영상 서비스
(유튜브 등)

17.8%
SNS
(페이스북, 인스타그램,
네이버밴드, 트위터 등)

34.6%
메신저
(카카오톡, 페이스북
메신저, 라인 등)

10대 이하 아동은 58.9%가 동영상 검색 이용

출처 | 과학기술정보통신부 2019년 인터넷 이용 실태 조사 주요 지표

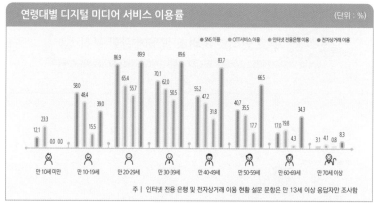

연령대별 디지털 미디어 서비스 이용률 (단위 : %)

●SNS 이용 ●OTT서비스 이용 ●인터넷 전용은행 이용 ●전자상거래 이용

주 | 인터넷 전용 은행 및 전자상거래 이용 현황 설문 문항은 만 13세 이상 응답자만 조사함

출처 | KISDI STAT report 스마트기기 보유와 디지털 미디어 서비스 이용 20-20호

💬 20~30대, SNS 이용률 가장 높아

나이에 따라 디지털 미디어 서비스 이용률을 조사했다.

연령대별 OTT(Over The Top: 기존 통신사나 방송사가 아닌 사업자가 인터넷으로 드라마 등 다양한 미디어 콘텐츠를 제공하는 서비스로 넷플릭스와 아마존, 유튜브 등이 대표적이다.) 서비스 이용 빈도 조사 결과 20대 미만과 30~40대에서 이용 비율이 높게 나타났다.

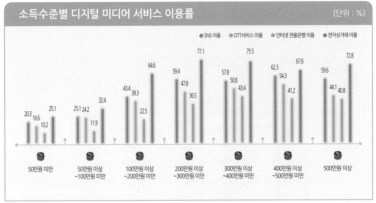

소득수준별 디지털 미디어 서비스 이용률 (단위 : %)

● SNS 이용 ● OTT서비스 이용 ● 인터넷 전용은행 이용 ● 전자상거래 이용

50만원 미만: 20.3 16.6 10.2 25.1
50만원 이상 ~100만원 미만: 25.1 24.2 11.9 32.4
100만원 이상 ~200만원 미만: 43.4 39.3 22.5 64.6
200만원 이상 ~300만원 미만: 59.4 47.8 36.5 77.1
300만원 이상 ~400만원 미만: 57.8 50.8 43.4 75.5
400만원 이상 ~500만원 미만: 62.3 54.3 41.2 67.6
500만원 이상: 59.6 44.1 40.8 72.8

출처 | KISDI STAT report 스마트기기 보유와 디지털 미디어 서비스 이용 20-20호

💬 소득 높을수록 이용 비율 높아

소득수준이 높을수록 디지털 미디어 서비스 이용률이 높게 나타났으며 소득이 낮을수록 이용률이 떨어지는 것으로 나타났다.

월 200만 원대 이상의 소득수준 응답자 2명 중 1명 정도가 SNS, OTT 서비스를 이용하는 반면, 100만 원대 미만에서는 5명 중 1명 정도가 디지털 미디어 서비스를 이용하는 것으로 조사됐다.

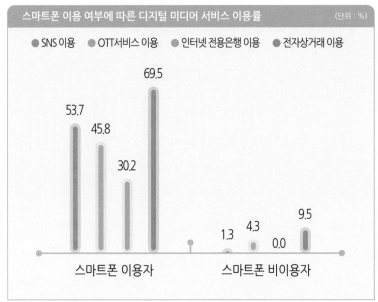

출처 | KISDI STAT report 스마트기기 보유와 디지털 미디어 서비스 이용 20-20호

🗨 스마트폰 사용 2위 SNS

스마트폰 이용자들은 기기를 활용, 주로 무엇을 하고 있을까.

스마트폰 이용자들의 디지털 미디어 서비스 이용률을 조사했다. 그 결과 전자상거래 이용률이 69.5%로 가장 많았으며 SNS 이용률 53.7%, OTT 서비스 이용률 45.8% 순이었다.

📢 SNS 이렇게 운영하라

💬 신속한 소통과 공감

대한민국의 광역 기초자치단체 할 것 없이 모든 자치단체가 오늘도 SNS를 주요 소통창구로 활용하고 있다. 앞다퉈 SNS 계정을 만들고 주민들과의 소통을 위해 페이스북, 트위터, 블로그, 유튜브, 카카오스토리, 인스타그램 등 많은 채널에 공을 들이고 있다.

자치단체는 불특정 사람들을 충성도 있는 팔로워로 만들기 위해 채널 유지에 필요한 예산을 세우고 담당 공무원을 배정, SNS 홍보 효과를 높이기 위해 안간힘을 쓰고 있다.

서울시의 경우 지난 2012년부터 SNS 통합 플랫폼 '소셜미디어센터'를 통해 시민들과 꾸준히 소통하면서 자치단체 SNS의 선두주자로 자리를 굳혀왔다.

이와 달리, 상당수 기초자치단체의 SNS는 여전히 쌍방향 채널을 통한 소통보다는 일방적인 정보 전달 형식에 머무는 수준이다.

보도 자료를 각색하여 올리거나 행사 계획을 올리는 정도로 채널을 유지하고 있다. 이런 자치단체들은 예산이 부족하고 전문 인력이 없다 보니 어쩔 수 없다고 하소연한다.

또 일부 자치단체는 노인들이 대다수인 현실에서 SNS를 통한 소통은 현실적으로 한계가 있으며 관심을 가질 여유가 없다고 말한다.

그러나 모바일 시대에 있어서 가장 저렴한 비용으로 쉽고 빠르게 주민과 소통하며 공감을 끌어내는 데는 SNS만 한 채널이 없다.

미국 트럼프 전 대통령의 트윗은 전 세계로 알려져 그의 주장이 외교에까지 영향을 미치는 막강한 파워를 우리는 이미 경험했다. 국내에서도 유명 정치인이나 연예계 인물들의 새로운 소식은 SNS를 통해 빠르게 널리 알려지고 있다.

정책을 알리는 것에서부터 시작하여 각종 문화 행사와 관광지 안내는 물론, 지역 이미지 홍보 등 소통하고 공감하는 SNS 콘텐츠를 통한 쌍방향 커뮤니케이션이야말로 이 시대의 가장 효과적인 홍보 매체가 아닐까.

트위터(Twitter)는 소셜 네트워크 서비스이자
마이크로 블로그 서비스이다.

도널드 트럼프

미국 전 대통령의

🗨 핵심은 콘텐츠다

코로나19에 자치단체 구독자 급증

2020년 초 코로나19 바이러스 감염병이 발생하자 전국의 자치단체가 운영하는 SNS의 팔로워가 순식간에 급증했다. 지금까지는 없었던 일이었다. 사실, 자치단체 SNS를 찾는 사람의 수는 거의 한정되어 있었다. 그러나 이때는 달랐다.

코로나19 확진자가 나온 자치단체의 SNS 접속자는 가히 폭발적이었다. 자치단체가 실시간으로 알려주는 환자의 이동경로는 수없이 퍼 날라졌다.

이 기간 A시 SNS 담당자는 "확진자 정보를 업로드 할 때마다 깜짝깜짝 놀랄 정도로 팔로워가 늘어났다."며 "신뢰성 있는 정보를 원하는 시민들의 관심사를 충분히 이해할 수 있는 기회였다."라고 말한다.

그렇다면 사람들은 왜 자치단체의 SNS에 관심을 가졌던 것일까.

그것은 무엇보다 공공기관의 신뢰가 바탕에 있었기 때문이다. 코로나 감염에 대한 우려와 공포심을 가진 사람들로서는 확진자의 이동 경로에 대한 정확한 정보가 필요했던 것이다. 시민들은 곧 믿을 만한 정보를 원하고 있었다.

그동안 자치단체 SNS 구독자는 거의 한정돼 있었다. 자치단체가 안내하는 행사 내용이나 모집 공고를 확인하는 등 주로 정보 확인을 하는 정도였다. 방송 등의 상업 매체나 오락 정보 매체 등에 비해 자치단체 SNS가 상대적으로 재미없다 보니, 이처럼 팔로워가 폭증한 것은 참으로 보기 드문 일이 아닐 수 없었다.

코로나 감염병이 터진 직후 팔로워가 급증했던 것은 누가 코로나에 감염됐고 나아가 확진자가 어디를 다녀갔는지 신뢰할 수 있는 정보를 알고 싶었기 때문이었다.

이런 현상은 결국 콘텐츠에 따라 팔로워가 늘어나기도 하고 줄어들기도 하는 SNS의 속성을 그대로 보여준 케이스였다.

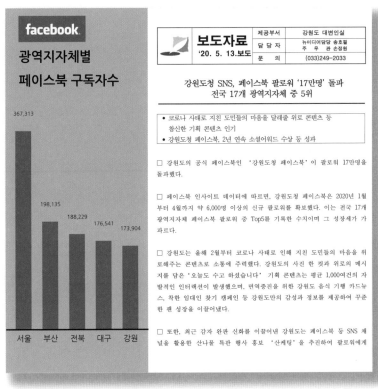

출처 | 강원도청 홈페이지

시장·군수 관심에 달렸다

　자치단체의 행정 시스템이나 운영은 절대적으로 자치단체장의 판단과 생각에 따라 결정된다. 자치단체의 SNS 운영 시스템 역시 이 범주를 벗어나지 못한다.

　주민과의 소통과 공감을 목적으로 출발했지만, 그 결과는 천차만별이다.

　시민들의 피드백은 자치단체장의 관심 여부에 달려 있다고 해도 과언이 아니다.

　평소 SNS를 통해 주민들과 의견을 나누고 소통하는 자치단체장이라면 SNS 운영을 위한 충분한 예산과 조직을 지원해 주고 자신도 그 결과를 분석해 가며 더 좋은 콘텐츠를 만들기 위해 운영 과정에 관심을 가질 것이다.

　일부 단체장들은 자신이 직접 나서 기자들과 혹은 시민들과 소통하며 행정 시스템을 SNS에 연계하기 위해 노력한다.

　언론에 자주 노출되는 A 단체장은 "스마트폰은 나에게 무기이자 방패"라고 말해 세간의 관심을 끌었다. 이 말은 곧 SNS를 무기와 방패로 활용, 주민들과 직접 소통한다는 의미로 읽힌다.

　이 단체장은 전 직원들에게 SNS를 활용한 민원 처리를 요구하기도 했으며 또 다른 자치단체장은 직원 승진에 SNS 활용 여부를 반영하기로 해 주목을 받았다.

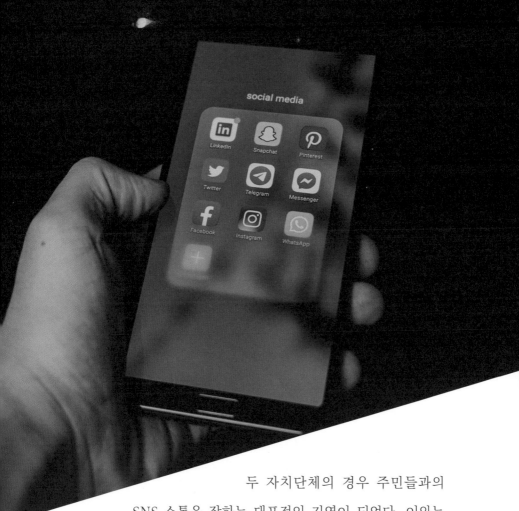

두 자치단체의 경우 주민들과의 SNS 소통을 잘하는 대표적인 지역이 되었다. 이와는 달리 B시는 외부 대행업체를 통해 SNS를 운영하고 있으나 주민들의 큰 관심을 받지 못하고 있다.

책임감 있는 소통이 이뤄질 수 있을지 의문이 뒤따른다. 시장, 군수의 관심이 SNS 운영의 활력 여부를 결정하게 된다.

📣 성공하는 콘텐츠 만들기

💬 공익이 우선돼야

성공하는 SNS를 운영하기 위해서는 어떻게 해야 할까. 가장 중요한 키워드는 콘텐츠이다. 여기서 콘텐츠는 SNS에 올릴 각종 정보 또는 내용물이다. 제품을 파는 것이 목적인 기업이나 단체에서 운영하는 SNS에 비해 자치단체 SNS의 콘텐츠는 현실적으로 많은 제약을 받는 것도 사실이다.

하지만 이왕 SNS를 운영하는 이상 다수의 팔로워를 통해 공익이 우선되는 자치단체 홍보라는 궁극적인 목표에 도달해야 한다.

콘텐츠 운영에 필요한 조건들은 무엇일까? 결코 쉽지 않은 일이나 반드시 고려해야 할 사항들이다.

🗨 콘텐츠의 흐름을 타라

SNS에도 트렌드가 있다. 남들은 영상이나 웹툰, 댓글들을 보고 '킥킥' 웃어 대는데 나만 왜 웃는지 몰랐던 경험이 있다.

트렌드는 다양하다. 주로 광고나 드라마, 영화 등을 패러디한 영상과 '반짝' 하는 유행어에서부터 예쁜 그림과 사진 등 헤아릴 수 없이 많다.

또 게임에서 따온 말이나 정치인들의 풍자성 말, 심지어는 해외 유행어들이 순식간에 인기 있는 콘텐츠로 부각된다. '짤방'(짤림 방지를 위한 사진)이나 '밈'(meme, 인터넷에서 유행하는 언어나 스타일이나 행동), '어그로'(분탕질), '셀럽'(유명인) 등 다양하다.

그렇다면 SNS에서 가장 많이 소비되는 콘텐츠와 게시되는 콘텐츠는 무엇일까. 운영자가 인기 콘텐츠의 트렌드와 스타일을 알고 있다면 상당한 도움이 된다. 적어도 일방통행식 홍보는 지양된다.

시장 조사 기관 엠브레인 트렌드 모니터(Trend monitor)가 실시한 설문 조사 결과에 따르면 SNS에서 가장 많이 소비되는 콘텐츠는 재미있는 글이나 유머, 동영상(44.8%)이었고 뒤를 이어 화제가 되고 있는 이슈와 트렌드(44.5%), 맛있는 사진과 음식점(43.9%) 순이었다.

이밖에 여행 관련 사진, 친구나 지인의 사진, 타인의 일상생활 관련 사진, 좋은 글 순위로 인기가 있었다.

그렇다면 SNS에 올리고 싶어 하는 콘텐츠는 무엇일까?

맛집 경험담(52.5%)을 가장 많이 올렸고 해외여행 경험담 (51%), 특별한 취미생활 (43.6%), 자신의 외모(36.3%)에 이어서 인맥(29.5%), 요리 솜씨(29.3%), 재력(28.7%), 자신의 몸매(28%), 집 소개순으로 게시했다. 이러한 인기 순위는 상황에 따라 변하며 언제나 고정적인 것은 아니지만, 적어도 참고해 볼 필요는 있다. 만일 화면을 보다가 스크롤을 멈추게 하는 사진이나 그림을 업로드 했다면 성공이다.

SNS 소비 인기 콘텐츠 TOP10(복수 응답)

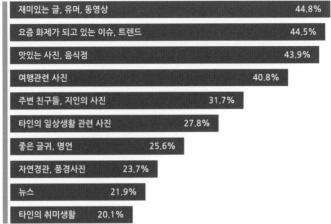

재미있는 글, 유머, 동영상	44.8%
요즘 화제가 되고 있는 이슈, 트렌드	44.5%
맛있는 사진, 음식점	43.9%
여행관련 사진	40.8%
주변 친구들, 지인의 사진	31.7%
타인의 일상생활 관련 사진	27.8%
좋은 글귀, 명언	25.6%
자연경관, 풍경사진	23.7%
뉴스	21.9%
타인의 취미생활	20.1%

출처 | 엠브레인 트렌드 모니터(Trend monitor)

SNS 게시 인기 콘텐츠 TOP13(복수 응답)

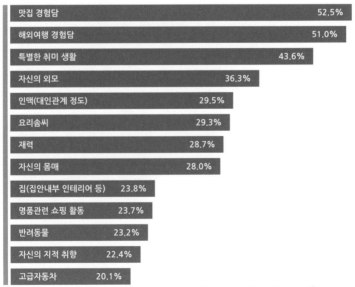

맛집 경험담	52.5%
해외여행 경험담	51.0%
특별한 취미 생활	43.6%
자신의 외모	36.3%
인맥(대인관계 정도)	29.5%
요리솜씨	29.3%
재력	28.7%
자신의 몸매	28.0%
집(집안내부 인테리어 등)	23.8%
명품관련 쇼핑 활동	23.7%
반려동물	23.2%
자신의 지적 취향	22.4%
고급자동차	20.1%

출처 | 엠브레인 트렌드 모니터(Trend monitor)

🗨 공감하는 스토리 구성하라

공감의 사전적 의미를 보자. 공감은 남의 주장이나 감정, 생각 따위에 찬성하여 자기도 그렇다고 느끼는 것이라고 한다.

지금처럼 SNS가 자리 잡고 성장하는 데 크게 기여한 게 페이스북이나 인스타그램의 '좋아요' 버튼과 '공감' 버튼이다. 아는 사람에서부터 잘 알지 못하는 사람에 이르기까지 내 글에, 내 생각에 공감의 의미 표시는 때로는 위로와 감동을 준다.

기업들은 일찌감치 공감 마케팅을 도입했다. 제품을 강조하는 것보다 소비자들의 가족 스토리를 통해 브랜드 가치를 높이는 식이다.

소셜 공간에서는 팔로워 수십만 명을 거느린 SNS 작가가 유명세를 타고 있다. SNS에 공감하는 글을 써 유명해진 '국민 시팔이' 하상욱 씨나 '글배우' 작가는 공감 작가로 등극했다. 팔로워들은 두세 줄의 짧은 문장이 웃음과 위로를 준다며 큰 공감을 나타냈다.

2019년 인스타그램의 최다 '좋아요' 기록이 경신됐다는 뉴스가 떴다(MK 뉴스 2019.01.05). 놀라운 기록의 주인공은 평범한 달걀이다. 한 사람이 인스타그램 계정에 '함께 세계 기록을 세우고 인스타그램에서 가장 인기 있는 게시 글을 만들자'고 제안하자, 10일 만에 무려 3810만의 '좋아요'가 게시되면서 신기록이 수립됐다.

2020년 코로나19 감염병이 불러온 자치단체 SNS 팔로워 급증 현상도 비슷한 경우이다.

SNS에서 공감의 포인트는 대체로 감동을 주거나 유머러스하거나 쇼킹한 내용들이라는데 동의한다.

이 등식을 생각한다면 기업들의 공감 마케팅에 관심을 가질 필요가 있다. 상품을 직접 홍보하는 대신에 누구나 공감할 수 있는 스토리를 구성해 댓글을 달게 하고 바이럴까지 이어지게 하는 방식이다.

곧 자치단체의 콘텐츠 제작에 주민들의 자발적인 참여를 유도할 방안을 찾는 것이다. 가족 이야기나 취미생활 등을 통해 공감할 수 있는 콘텐츠라면 더욱 좋다.

또는 질문을 던지는 형태의 콘텐츠에 "저도 그랬습니다.", "응원합니다." 등의 반응이 나올 수 있도록 콘텐츠를 구성하는 것도 한 방법이다. 자치단체들이 주로 사용하는 특정 주제를 준 뒤 주민들이 참여하게 만드는 SNS 공모전 개최 등 SNS 이벤트 개최 등도 검토해 볼 필요가 있다.

💬 한 줄 카피로 승부하라

SNS 담당자들의 머릿속은 늘 '어떻게 독자들의 눈을 사로잡을까?'라는 생각으로 가득하다. 페이스북이나 인스타그램, 블로거 등에서 호기심을 자극하는 하나의 단어나 감성 있는 한 장의 사진, 그림은 분명히 시선을 끈다.

SNS 플랫폼에서 긴 문장의 글을 올리기는 사실상 어렵다. 또 기승전결에 맞춰 포스팅 하는 것 역시 쉽지 않은 일이다. 정성을 들여 길게 쓴 글을 올린다 해도 끝까지 읽어볼 사람은 그리 많지 않다. 그렇다면 정답은 간단하다. 간결하고 함축된 제목으로 시선을 사로잡으면 그만이다. 쉽지 않은 일이다. 하지만 방법은 있다. 반복해서 훈련하면 된다. 신문의 제목을 유심히 들여다보면서 함축된 제목을 뜯어보거나 광고의 한 줄 카피를 응용하거나, 인기 있는 드라마의 제목을 빌려다 쓰는 등 조금만 관심을 갖는다면 누구나 산뜻하고 '섹시'한 제목을 만들어 낼 수 있게 된다.

페이지 첫머리에 전하고 싶은 내용을 한 줄의 짧은 제목에다 감성 있는 사진과 그림 등을 묶어 올리면 그 울림은 배가 된다.

TV 드라마 '슬기로운 의사생활'이 방영된 후 한동안 이 드라마를 패러디한 카피가 쏟아졌다.

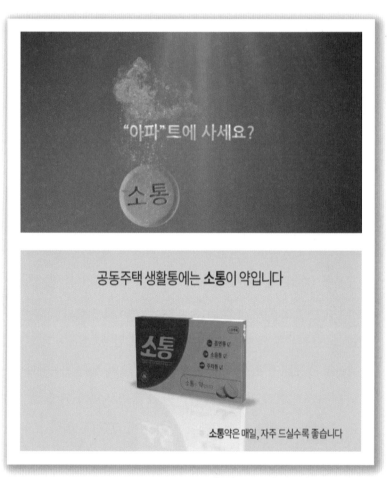

슬기로운 OO생활 보도 자료 검색 결과 만든 워드 클라우드(2020년 8월 뉴스 헤드라인 검색)

💬 때로는 업로드보다 방치하라

SNS 담당자 마다 업로드 때문에 은근히 스트레스를 받는다고 하소연한다. 담당자로서는 페이지를 그대로 방치할 수 없으니 고민이 깊어진다.

대부분 1주일이나, 혹은 2주일에 한 번 업로드 하는 것을 목표로 삼는다. 그러나 업로드에 대한 책임과 의무감에 빠지다 보면 오히려 역효과를 불러오는 경우가 많다.

기존의 페이지에 이것저것 붙이기도 하고 변형시켜 보다가 끝내는 삭제하고 싶은 유혹에 빠지기도 한다. 전체를 놓고 다시 뜯어보다 보면 궁극적으로 만족할 만한 수준의 포맷이 나오지 않는다.

결국에는 업로드에 대한 강박관념에 새로운 무엇인가를 바꿔 올려야겠다는 의무감까지 겹치면서 자신이 판단해도 시원치 않은 콘텐츠를 업로드 하고 만다.

의무감으로 급조된 콘텐츠가 사람들에게 주목받을 리는 없다.

차라리 그럴 바에는 이미 올린 콘텐츠를 수일간 그대로 방치하는 게 낫다. 업로드 하겠다며 딱딱한 보도 자료를 올리거나 재미없는 내용을 붙여 이리저리 변화를 주었다가 구독자 이탈을 불러올 필요는 없다.

많은 자치단체가 일주일에 한 번 정도 업로드 하는 경향이나, 재미없는 콘텐츠로 바꿔서 구독자를 떠나게 할 필요는 더욱 없다.

차라리 때로는 방치하는 게 낫다.

🗨 매체별 장단점을 살려라

일부 자치단체는 똑같은 콘텐츠를 포맷도 같게 모든 매체에 올리고 있다. 귀찮고 시간에 쫓기다 보니 페이스북과 트위터, 블로그 등 매체별 장단점을 제대로 살리지 못하는 것이다.

페이스북의 경우 네트워크가 관계 중심의 미디어로 만들어지다 보니 원만한 소통이 이뤄질 수 있으나 민원성 글이나 정책에 대한 질문 등이 올라올 경우 즉각적인 대응이 쉽지 않다는 단점이 있다. 이미지와 짧은 글 위주의 생활 정보나 행사 안내와 명소 소개 활용 정도에 좋다.

비교적 젊은 층에게 인기 많은 인스타그램은 사진과 동영상 위주로 시각적인 정보를 공유할 수 있는 장점이 있다. 스마트폰의 시의성을 고려해 가로형 사진보다 세로형 사진이 더 효율적이다.

이에 비해 블로그는 자세하고 많은 양의 콘텐츠를 전달할 수 있어 긍정적이나 파워 블로거들의 상업화 우려가 제기되고 있다.

트위터는 특정 타깃 선정이 어렵다는 단점이 있다. 콘텐츠의 유동성이 높고 워낙 광범위한 매체이다 보니 특정 내용을 전달하는 자치단체 홍보 매체의 활용도는 떨어지는 편이다.

효율성을 높이기 위해서는 모든 매체에 똑같은 콘텐츠를 뿌리는 것보다 매체별 장단점을 파악해 최적화된 내용을 매체에 활용하는 것이 중요하다.

일반적으로 인스타그램은 관광지, 먹거리, 제철 음식의 콘텐츠를 다루고 블로그는 종합 정보 미디어 채널로 운영하는 것이 좋다.

💬 포스팅 결재 없애라

출처 | 충주시 홈페이지

SNS 특성상 담당자가 포스팅 때마다 일일이 결재받기는 어렵다.

만일 SNS 담당자가 작성한 글이나 영상을 팀장이나, 과장, 국장의 결재를 받은 후 올려야 하는 시스템이라면 그 자치단체의 SNS는 흐름에서 한참 뒤졌다고 보아도 무방하다.

사전 결재는 실시간 업로드를 필요로 하는 SNS 속성에 맞지 않는 일이다. 이 때문에 많은 자치단체들이 SNS 운영에 있어서 사후 결재 시스템을 활용하는 추세이다.

일부 자치단체장들은 이 부분에 불만을 나타내기도 한다.

그러나 일선 담당자들은 단체장이나 결재라인에서의 간섭은 창의성과 독창성을 떨어뜨려 결국 경직된 '재미없는 홍보'를 하게 만드는 원인 중의 하나라고 입을 모은다.

　인기 있는 콘텐츠는 담당자에 대한 신뢰에서 출발한다. 결국, 무관심이 성공을 끌어내는 셈이다. 충주시의 SNS B급 감성 메시지는 우스꽝스러운 포스터로 주목을 받았다. 만일 결재라인의 간섭을 받았다면 지금 같은 인기를 누리지 못했을 것이다. 새겨 볼 필요가 있는 대목이다.

💬 발로 뛰는 영상을 만들라

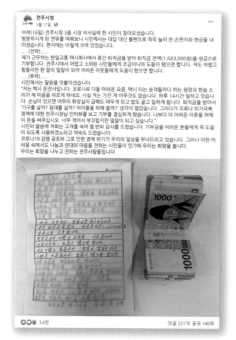

코로나19 확산에 대한 두려움과 이로 인해 지역 경제가 어려워지고 모두가 지쳐 있을 때 전북 전주시 택시기사가 자신의 퇴직금을 어려운 사람들에게 써달라며 금액 일부를 자치단체에 기부했다. 홍보팀은 이 내용을 영상으로 만들어 SNS에 올렸다. 택시를 운전하는 모습과 퇴직금 기부 동기 등을

출처 | 전주시 페이스북

담은 인터뷰가 SNS에 올라오자 반응은 뜨거웠다.

이처럼 SNS 담당자가 마음먹고 발로 뛰며 만들어 낸 영상은 순식간에 '좋아요'로 보답한다. 영상을 만드는 일이 쉬운 일은 아니지만, 발로 뛰며 만들어 낸 영상은 독자들이 먼저 알아보고 반응하며 공감한다. 힘들어도 가끔씩 발로 뛰며 제작한 영상이 포스팅 될 때마다 담당자의 보람은 커진다. 살아 있는, 뛰는 제작 영상에 관심을 갖자.

💬 구체적인 플랜을 만들어라

자치단체 SNS의 중심은 주요 행사나 주민들의 일상생활과 밀접한 홍보이다. 그러나 인기 있는 내용은 따로 있다. 계절마다 자치단체가 안내하는 관광지나 맛집, 장터, 문화 산책 등은 꾸준히 인기가 높다.

인스타그램에 올라온 사진 한 컷이 때로는 시선을 잡는다. 꽃 한 송이가 계절을 알리거나 맛깔스럽게 치장한 먹거리가 군침을 돌게 한다.

계절을 중심으로 한 사계절 플랜과 설과 추석 등의 명절, 음악회나 체육대회 등을 염두에 둔 1년 플랜이 반드시 필요하다.

예컨대, 김천시가 해마다 여는 '김천시 맛집 SNS 공모전'의 경우 맛집 여행 문화 트렌드로 자리를 잡았으며 봄철 벚꽃축제 등 계절 축제나 행사도 인기가 높다.

장기 플랜의 뼈대에 적절한 내용을 그때그때 업로드 해야 독자들의 피로를 낮추고 페이지 채우기에 고민하는 담당자도 어려움에서 벗어날 수 있다. 연간 계획에 맞춰 월간 계획을 세우고 또다시 주간 계획을 수립하면 된다.

코로나 기간 동안 대부분의 자치단체는 코로나 예방과 방역 활동을 주제로 관련 내용을 포스팅, 비교적 어려움이 없었다. 그렇지만 같은 내용을 늘 올릴 수 없는 노릇이다. 구체적인 플랜이 반드시 필요하다.

출처 | 제4회 김천시 맛집 SNS 공모전

💬 3초로 승부하라

독자는 SNS 한 페이지에서 3초 이상 머물지 않는다. 스크롤을 내리기 전 3초 안에 승부해야 한다. SNS 마케팅의 원칙이다.

TV광고의 30초 승부는 오히려 긴 편이다. 트위터는 140자(280 바이트) 이내로 제한된다. 축약된 한 줄 제목에 함축된 내용이 정답이다. 영상, 문장 가릴 것 없이 콘텐츠는 간결해야 하고 쉽게 이해할 수 있으며 명확해야 한다.

문장이나, 영상이나 전달하고 싶은 내용(주제)은 반드시 첫머리에 놓고 작성하는 것이 좋다. 이른바 두괄식 양식이다. 독자들은 도입 부분을 본 뒤 나머지를 볼지 말지 결정하기 때문이다. 홍보 문장이나 영상이라면 더욱 그렇다.

15초 길이의 동영상으로 전 세계 젊은이들에게 사랑받는 TikTok
'짧아서 확실한 행복'이라는 카피가 TikTok의 인기 비결을 설명한다.

🗨 SNS 협업의 선두주자가 되자

기관·자치단체 간 업무보완

SNS를 활용한 협업 시대가 열리고 있다.

업종 간 협업에서부터 업종이나 영역이 전혀 다른 분야에까지 서로 협력하는 협업이 이뤄지고 있다. 협업은 앞으로 분야를 가리지 않고 이해관계에 따라 한층 폭넓게 진행될 전망이다.

2019년부터 시작된 '둔치 차량 대피 알림 비상 연락체계' 시스템이 SNS 협업의 대표적인 케이스이다. 이 시스템은 손해보험업계와 행정안전부, 지방자치단체가 둔치에 주차해 둔 차량의 침수 피해를 막기 위해 구축한 비상 연락체계이다.

장마철에 주차된 차량이 침수 피해가 우려될 경우 자치단체가 차량번호를 보험회사에 통보하면 각 손보사가 보험 가입 여부를 확인한 뒤 실시간으로 차주에게 연락하는 시스템이다.

SNS 협업은 유통업에서 더욱 활발히 진행되고 있다.

1인 기업에서부터 농수산물 판매 등 유통을 목적으로 한 소상공인들 간에 SNS 판매망을 구축, 공동판매 형태로 협업이 이뤄지고 있다.

일본에서는 청소년들의 자살을 막기 위해 정부가 지원하는 '자살종합대책추진센터'와 자치단체가 SNS를 통해 자살 방지 상담 활동을 펴고 있다.

학생들이 자신의 어려운 고민거리를 SNS에서 채팅하는 형태로 자연스럽게 끄집어내 상담교사의 지도로 자살을 막을 수 있도록 한 것이다. 자살율이 세계 수위인 일본에서 SNS 상담이 상당한 기여를 하고 있는 것으로 알려지고 있다.

청소년 상담이나 보호, 노약자 지원 보호 등과 관련, 자치단체와 전문기관과의 SNS 협업을 검토해 볼 가치가 있다.

SNS로 소통하는 서울시 응답소

단일화된 전자 민원 관리 시스템
빠른 답변에 연간 230만여 건 처리

서울시가 지난 2014년부터 운영하는 응답소는 각 부서, 기능별로 산재한 다수의 민원 처리 과정을 단일화한 통합형 전자 민원 관리 시스템이다.

민원인이 홈페이지에서부터 전화, 문자, 모바일 웹, 신문고 등을 통해 민원을 제기할 경우 응답소를 통해 시민의 민원에 응하고 시민의 제안에 답하며 소통한다.

2019년 한 해 동안 응답소에 접수된 민원은 230만여 건이나 된다. 민원 접수가 편리하고 답변이 빠르다 보니, 접수 민원은 갈수록 늘어날 전망이다. 다른 자치단체들도 이와 비슷한 형태의 민원 관리 시스템 도입을 시도하거나 검토했으나 조직과 예산 문제가 뒤따르다 보니 도입이 쉽지 않다.

서울시는 2020년 11억 원의 예산을 투입, 응답소에 접수된 민원의 효율적인 처리와 관리를 위해 빅데이터 분석 시스템을 구축해 빠른 민원 처리와 시민 만족도를 높였다.

광역자치단체 SNS 현황

f 페이스북 **2020년 6월 기준, 자체 조사 결과** 〈단위: 명〉

순위	기관	팔로워
1	서울특별시	367,313
2	부산광역시	198,135
3	전라북도	188,229
4	대구광역시	176,541
5	강원도	173,904
6	인천광역시	169,978
7	경기도	151,300
8	대전광역시	145,780
9	충청남도	121,868
10	제주특별자치도	112,127
11	경상북도	111,830
12	울산광역시	81,046
13	세종특별자치시	69,080
14	충청북도	60,942
15	경상남도	52,767

인스타그램 **2020년 6월 기준, 자체 조사 결과** 〈단위: 명〉

순위	기관	팔로워
1	서울특별시	293,727
2	부산광역시	138,492
3	전라북도	42,614
4	인천광역시	39,043
5	경기도	37,208
6	경상북도	28,696
7	충청남도	26,680
8	제주특별자치도	26,157
9	대구광역시	22,354
10	대전광역시	22,224
11	세종특별자치시	19,467
12	광주광역시	16,407
13	강원도	16,107
14	충청북도	15,988
15	울산광역시	11,983

트위터

2020년 6월 기준, 자체 조사 결과 〈단위: 명〉

순위	기관	팔로워
1	서울특별시	229,124
2	부산광역시	110,398
3	경기도	72,268
4	충청남도	50,285
5	강원도	33,835
6	대구광역시	27,720
7	인천광역시	26,752
8	제주특별자치도	17,742
9	경상남도	17,218
10	광주광역시	16,347
11	대전광역시	15,749
12	경상북도	15,275
13	충청북도	13,029
14	전라남도	9,414
15	울산광역시	8,178

유튜브

2020년 6월 기준, 자체 조사 결과 〈단위: 명〉

순위	기관	구독자
1	서울특별시	115,217
2	경상북도	68,500
3	전라북도	43,000
4	부산광역시	26,960
5	경기도	12,972
6	충청북도	10,700
7	경상남도	9,540
8	대구광역시	9,200
9	인천광역시	8,045
10	강원도	7,780
11	울산광역시	6,128
12	제주특별자치도	5,680
13	충청남도	4,336
14	전라남도	4,035
15	광주광역시	3,323

카카오스토리

2020년 6월 기준, 자체 조사 결과
〈단위: 명〉

순위	기관	구독자
1	서울특별시	187,984
2	부산광역시	109,984
3	광주광역시	46,989
4	충청남도	43,998
5	울산광역시	41,206
6	경기도	40,736
7	경상북도	39,777
8	전라북도	39,549
9	경상남도	39,235
10	전라남도	34,201
11	인천광역시	22,573
12	강원도	21,169
13	충청북도	16,180
14	제주특별자치도	11,024
15	대전광역시	6,974

예산

예산
〈단위: 천원〉

순위	기관	예산
1	서울특별시	1,180,400
2	경상북도	1,000,000
3	인천광역시	884,000
4	경상남도	604,000
5	부산광역시	546,194
6	광주광역시	440,000
7	경기도	426,000
8	전라남도	424,000
9	대구광역시	296,000
10	강원도	180,000
11	제주특별자치도	150,000
12	충청남도	144,000
13	세종특별자치시	110,000
14	대전광역서	110,000
15	울산광역시	98,000

인원수

인원수

<단위: 명>

순위	기관	직원
1	경기도	5
	전라남도	5
2	서울특별시	4
	경상북도	4
	대전광역시	4
3	인천광역시	3
	경상남도	3
	부산광역시	3
	제주특별자치도	3
	충청남도	3
	세종특별자치시	3
	울산광역시	3
4	광주광역시	2
	강원도	2
	충청북도	2
	전라북도	2
5	대구광역시	1

기초자치단체 SNS 현황

페이스북 | 2020년 6월 기준, 자체 조사 결과 〈단위: 명〉

순위	기관	팔로워
1	경기도 고양시	152,124
2	경기도 부천시	109,954
3	전북 전주시	88,800
4	충남 천안시	80,139
5	충남 부여군	80,000
6	경기도 의정부시	79,399
7	경기도 시흥시	74,507
8	경기도 성남시	68,009
9	경기도 하남시	63,793
10	경남 창원시	62,903
11	경기도 수원시	60,177
12	경북 구미시	56,102
13	전남 여수시	52,581
14	충남 공주시	49,957
15	경북 경주시	46,607

인스타그램 | 2020년 6월 기준, 자체 조사 결과 〈단위: 명〉

순위	기관	팔로워
1	경남 창원시	29,758
2	경북 포항시	29,717
3	경기도 성남시	29,530
4	충남 천안시	26,530
5	경기도 용인시	24,900
6	경기도 광주시	20,491
7	경기도 안양시	17,755
8	경기도 화성시	17,400
9	경북 구미시	15,700
10	경북 경주시	14,711
11	경기도 수원시	14,610
12	경기도 고양시	13,746
13	경기도 시흥시	13,713
14	충북 청주시	13,505
15	강원도 춘천시	12,912

트위터

2020년 6월 기준, 자체 조사 결과 〈단위: 명〉

순위	기관	팔로워
1	경기도 성남시	126,819
2	서울시 동대문구	43,155
3	경기도 고양시	36,956
4	전북 익산시	25,946
5	경기도 부천시	25,822
6	서울시 송파구	25,639
7	서울시 은평구	23,606
8	서울시 서대문구	22,654
9	경남 창원시	22,447
10	경기도 평택시	21,014
11	서울시 강남구	17,911
12	경기도 안양시	14,909
13	전남 광양시	13,830
14	서울시 용산구	12,821
15	전남 강진군	12,403

유튜브

2020년 6월 기준, 자체 조사 결과 〈단위: 명〉

순위	기관	구독자
1	충북 충주시	96,700
2	경남 하동군—지금하동TV—	30,000
3	충북 충주시—충주씨—	20,200
4	경기도 이천시	13,000
5	전남 강진군	12,403
6	경남 하동군—알프스하동TV—	10,000
7	경기도 여주시	8,860
8	경기도 고양시	6,980
9	서울시 강남구	6,120
10	경남 창원시	5,610
11	경기도 용인시	5,491
12	경기도 화성시	4,727
13	경기도 구리시	4,140
14	경기도 성남시	4,070
15	강원도 강릉시	4,040

카카오스토리 2020년 6월 기준, 자체 조사 결과 〈단위: 명〉

순위	기관	구독자
1	경기도 시흥시	120,493
2	경기도 성남시	106,984
3	경남 창원시	52,458
4	경남 통영시	35,829
5	경남 산청군	34,242
6	경남 김해시	33,708
7	경기도 수원시	32,399
8	경기도 안양시	30,326
9	서울시 관악구	27,559
10	전남 여수시	26,347
11	경북 고령군	19,502
12	경북 구미시	17,280
13	경기도 안산시	13,622
14	경기도 화성시	12,269
15	충북 단양군	11,674

예산 예산 〈단위: 천원〉

순위	기관	예산
1	충남 당진시	464,899
2	경기도 화성시	419,140
3	전남 영광군	369,600
4	강원도 춘천시	330,000
5	경남 창원시	310,295
6	강원도 양평군	205,156
7	경기도 양평군	205,156
8	충북 충주시 —충주씨 채널—	200,000
9	경기도 하남시	200,000
10	강원도 연천군	187,600
11	경기도 연천군	187,600
12	서울시 강남구	178,777
13	경기도 성남시	177,340
14	경기도 평택시	170,000
15	전남 광양시	169,302

인원수 **인원수** 〈단위: 명〉

순위	기관	직원
1	경남 거제시	5
2	충남 당진시	4
	경기도 성남시	4
	전남 목포시	4
	전남 순천시	4
	경기도 고양시	4
	전남 여수시	4
	충남 서산시	4
	경기도 안양시	4
3	경기도 화성시	3
	전남 광양시	3
	강원도 강릉시	3
	경기도 용인시	3
	경기도 광주시	3
	경북 경주시	3
	경기도 남양주시	3
	경기도 의왕시	3
	경기도 시흥시	3
	경북 문경시	3
	경기도 안산시	3

🗨 전국자치단체 SNS 현황

페이스북 **2020년 6월 기준, 자체 조사 결과**   〈단위: 명〉

순위	기관	팔로워
1	서울특별시	367,313
2	부산광역시	198,135
3	전라북도	188,229
4	대구광역시	176,541
5	강원도	173,904
6	인천광역시	169,978
7	경기도 고양시	152,124
8	경기도	151,300
9	대전광역시	145,780
10	충청남도	121,868
11	제주특별자치도	112,127
12	경상북도	111,830
13	경기도 부천시	109,954
14	전북 전주시	88,800
15	울산광역시	81,046

인스타그램 **2020년 6월 기준, 자체 조사 결과**   〈단위: 명〉

순위	기관	팔로워
1	서울특별시	293,727
2	부산광역시	138,492
3	전라북도	42,614
4	인천광역시	39,043
5	경기도	37,208
6	경남 창원시	29,758
7	경북 포항시	29,717
8	경기도 성남시	29,530
9	경상북도	28,696
10	충청남도	26,680
11	충남 천안시	26,530
12	제주특별자치도	26,157
13	경기도 용인시	24,900
14	대구광역시	22,354
15	대전광역시	22,224

🐦 트위터
2020년 6월 기준, 자체 조사 결과
〈단위: 명〉

순위	기관	팔로워
1	서울특별시	229,124
2	경기도 성남시	126,819
3	부산광역시	110,398
4	경기도	72,268
5	충청남도	50,285
6	서울시 동대문구	43,115
7	경기도 고양시	36,956
8	강원도	33,835
9	대구광역시	27,720
10	인천광역시	26,752
11	전북 익산시	25,946
12	경기도 부천시	25,822
13	서울시 송파구	25,639
14	서울시 은평구	23,606
15	서울시 서대문구	22,654

▶ 유튜브
2020년 6월 기준, 자체 조사 결과
〈단위: 명〉

순위	기관	구독자
1	서울특별시	115,217
2	충북 충주시	96,700
3	경상북도	68,500
4	전라북도	43,000
5	경남 하동군	40,000
6	부산광역시	26,960
7	충북 충주시	20,200
8	경기도 이천시	13,000
9	경기도	12,972
10	전남 강진군	12,403
11	충청북도	10,700
12	경상남도	9,540
13	대구광역시	9,200
14	경기도 여주시	8,860
15	인천광역시	8,045

▷ 2020년 11월 3일 현재 구독자 수가 서울시 14만 명, 충주시 18.4만 명으로 역전되었음

카카오스토리 　2020년 6월 기준, 자체 조사 결과 〈단위: 명〉

순위	기관	구독자
1	서울특별시	187,984
2	경기도 시흥시	120,493
3	부산광역시	109,984
4	경기도 성남시	106,984
5	경남 창원시	52,458
6	광주광역시	46,989
7	충청남도	43,998
8	울산광역시	41,206
9	경기도	40,736
10	경상북도	39,777
11	전라북도	39,549
12	경상남도	39,235
13	경남 통영시	35,829
14	경남 산청군	34,242
15	전라남도	34,201

예산 　　예산 〈단위: 천원〉

순위	기관	예산
1	충남 당진시	464,899
2	경기도 화성시	419,140
3	전남 영광군	369,600
4	강원도 춘천시	330,000
5	경남 창원시	310,295
6	강원도 양평군	205,156
7	경기도 양평군	205,156
8	충북 충주시 —충주씨 채널—	200,000
9	경기도 하남시	200,000
10	강원도 연천군	187,600
11	경기도 연천군	187,600
12	서울시 강남구	178,777
13	경기도 성남시	177,340
14	경기도 평택시	170,000
15	전남 광양시	169,302

CHAPTER 2

유튜브를
잡아라

▶ YouTube

유튜브를
잡아라

📢 유튜브 시대다

유튜브 열풍이다. 모바일 앱 사용자 순위나 매체의 영향력 면에서 단연 대세다. 동영상 검색 순위 1위이다. 페이스북이 휩쓸던 자리를 유튜브가 차지했다.

먹방, 뷰티, 브이로그, 요리, 게임, 스포츠 등등 분야를 가리지 않는다. 이제는 자치단체 대표 홍보 영상 플랫폼으로까지 자리를 잡았다. 어린이들의 장래 꿈이 의사를 제치고 유튜버가 될 정도로 인기이며 남녀노소를 가리지 않고 이 매체에 열광하고 있다.

공공기관의 유튜브 바람은 중앙부처에서부터 자치단체를 막론하고 거세다. 자치단체들은 정책 홍보와 이미지 영상, 코로나19 감염 예방과 농산물 판매, 쓰레기 재활용 홍보 등 다양한 분야에서 홍보 플랫폼으로 사용하고 있다.

자치단체의 유튜브 바람은 충북 충주시의 영향이 컸다. 충주시가 지난 2019년 4월 '충TV'로 유튜브에 가입한 뒤 1년 6개월 만에 구독자 16만 5천 명, 영상 조회 수 2천600만 회의 대기록을 달성했다.

이는 7년이나 앞서 유튜브에 채널을 개설한 서울시 유튜브 구독자 13만 9천 명을 뛰어 넘는 수치이다.

사실, 충주시가 유튜브에 가입하기도 전에 이미 대다수 광역자치단체나 일부 기초자치단체들은 유튜브를 홍보 플랫폼으로 활용해 왔다. 지난 2011년 부산시는 '붓싼뉴스'로, 대구시는 '컬러풀 대구TV'를 각각 개설했고 서울시가 이듬해 가입하는 등 대다수 자치단체가 유튜브를 운영해 왔다.

그러다가 충주시가 일을 냈다.

충TV는 특산물 홍보 영상 '1일1깡'과 코로나 거리 두기 '관짝춤'으로 영상 게시 5개월 만에 조회 수 33만과 424만의 기록을 냈다.

가수 비의 '깡' 뮤직비디오 커버 영상과 아프리카 가나의 장례식 풍습에서 따온 관짝춤 패러디 영상은 모방과 반복, 파급력으로 통칭되는 인터넷 '밈(meme)' 현상을 타고 삽시간에 유튜브 홍보 바람을 몰고 왔다.

충주시의 유튜브는 고루하며 '재미없다'고 인식돼 온 관공서의 홍보를 하루아침에 '재미있는' 홍보로 바꿨다는 평가를 받았다.

또 있다. 한국관광공사의 유튜브 영상 역시 메가 히트를 기록했다.

외국인들을 대상으로 한국을 홍보하는 광고영상 '필 더 리듬 오브 코리아(Feel the rhythm of Korea)'의 서울, 전주, 부산 지역 소개 영상이 올라오자 국내외에서 극찬이 이어졌다. 조회 수가 영상 게시 2개월 만에 무려 7832만 회를 기록했다.

공공기관 홍보가 어떻게 이런 '힙' 한 영상으로 재탄생 되었냐는 언론의 뜨거운 반응이 이어졌다.

이런 흐름을 놓칠 수는 없다. 공공기관, 자치단체의 성공을 위한 유튜브 운영 기법을 알아보자.

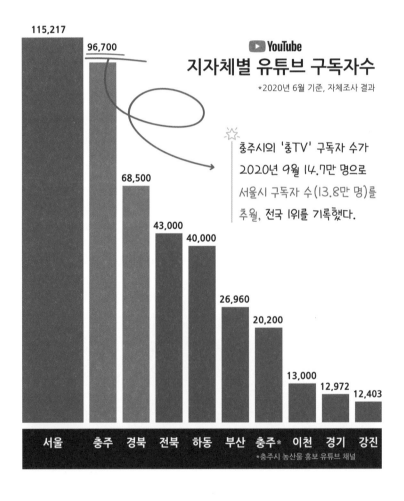

▶ YouTube
지자체별 유튜브 구독자수
*2020년 6월 기준, 자체조사 결과

☆ 충주시의 '충TV' 구독자 수가 2020년 9월 14.7만 명으로 서울시 구독자 수(13.8만 명)를 추월, 전국 1위를 기록했다.

서울	충주	경북	전북	하동	부산	충주*	이천	경기	강진
115,217	96,700	68,500	43,000	40,000	26,960	20,200	13,000	12,972	12,403

*충주시 농산물 홍보 유튜브 채널

한국관광공사 홍보 영상 - Feel the Rhythm of Korea

Feel the Rhythm of KOREA: SEOUL
조회수 3634만회 · 3개월 전

K Imagine your Korea

Enjoy wonderful attractions of South Korea with a lively, rhythmic sound!
Korean Tourism Organization collaborated with an ...
자막

Feel the Rhythm of KOREA: BUSAN
조회수 3517만회 · 3개월 전

K Imagine your Korea

Enjoy wonderful attractions of South Korea with a lively, rhythmic sound!
Korean Tourism Organization collaborated with an ...
자막

Feel the Rhythm of KOREA: GANGNEUNG
조회수 3367만회 · 1개월 전

K Imagine your Korea

Feel the **Rhythm** of KOREA", which is a hot topic in the world, has returned with
a follow-up series. If you have enjoyed the **rhythm** ...
자막

Feel the Rhythm of KOREA: MOKPO
조회수 3329만회 · 1개월 전

K Imagine your Korea

Feel the **Rhythm** of KOREA", which is a hot topic in the world, has returned with
a follow-up series. If you have enjoyed the **rhythm** ...
자막

Feel the Rhythm of KOREA: JEONJU
조회수 3181만회 · 3개월 전

K Imagine your Korea

Enjoy wonderful attractions of South Korea with a lively, rhythmic sound!
Korean Tourism Organization collaborated with an ...
자막

출처 | 한국관광공사 유튜브 Imagine your Korea 캡처

📢 재미와 공익을 챙겨라

홍보 영상에 무엇을 담을까. 제작자의 가장 큰 고민거리이다.

정책 홍보부터 문화 공연 행사, 맛집 소개, 이미지를 위한 브이로그 등등 소재가 너무 많다. 모든 일이 소재일 것 같은데 막상 추리다 보면 허공에서 바람을 잡는 느낌이다.

장단점을 따지다 보면, 이런저런 어려움이 나오고 정작 메시지 설정에 어려움이 뒤따른다.

그러나 한 번쯤 생각해 보자. 유튜브 홍보 영상 제작에 명확한 정답이 있을 수 있는가? 정답은 없다. 오직 담당자의 창조적 산물일 뿐이다.

담당자가 홍보 콘텐츠에 대한 의무감에 사로잡히는 순간, 제작 영상에 수많은 정보와 메시지를 몽땅 넣고 싶어진다.

심지어 홍보 영상에 자치단체장의 얼굴을 담은 경우도 있다.

이런 영상은 결국 재미도 없고 경직된 관공서의 홍보물로 남게 된다.

인기 있는 자치단체 유튜브를 제작하기 위해서는 어디에 중점을 두어야 할까?

한마디로 요약하면 재미와 공익이다.

그러나 이 두 가지 요소를 동시에 충족시키는 일은 결코 만만치 않은 일이다. 더욱이 홍보 메시지까지 생각하면 더더욱 어려워진다.

　우선 재미있는 영상으로 단기간에 조회 수가 폭발한 이른바 '떡상' 영상의 대표작으로 불리는 충주시의 B급 감성 영상을 보자.

　'1일1깡'이나 '관짝춤' 어디에도 충주시의 홍보 메시지를 직접 넣지 않았다. 만일 이 영상에서 홍보 메시지를 강조했다면 결과는 다르게 나타났을지도 모른다. 충주시 영상에는 반복되는 리듬과 패러디 춤이 있을 뿐이다.

　자치단체마다 공무원들의 일상을 올리는 브이로그 영상이 인기다.

　뚜렷한 홍보 메시지 없이 자신의 업무를 소개하는 정도나, 수줍어하는 신입 공무원들의 직렬이 자연스럽게 소개되면서 업무 이해도 향상에 도움을 주고 해당 자치단체의 이미지도 덩달아 올라가고 있다.

출처 | 광양시 유튜브 캡처

경북 의성군의 신입 공무원 브이로그를 비롯해 전주시 신입 공무원, 전남 광양시의 사회복지 공무원, 경기도 안성시 세무직 공무원 등 브이로그 영상이 게시 몇 달 만에 수만에서 수십여 만 회의 조회 수를 올리고 있다.

평소 궁금했던 공무원들의 업무와 사무실 공간 등이 공개되면서 재미와 공익 효과를 동시에 누리고 있다. 이처럼 의도된 메시지가 없거나 강조되지 않은 영상이 때로는 크게 어필하고 있다.

출처 | 의성군 유튜브 캡처

인터넷 밈(Internet meme)

대개 모방의 형태로, 인터넷을 통해, 사람에서 사람 사이에 전파 되는 어떤 생각, 스타일, 행동 따위

▸ 인터넷 밈은 그림, 하이퍼링크, 동영상, 사진, 웹사이트, 해시태그, 몸짓 등의 형태를 취할 수 있다.

출처 | 가나 장례식 밈 유튜브 캡처

아프리카 가나의 장례식 관련 서비스에서 시작한 인터넷 밈. 2020년 3월부터 5월까지 SNS를 통해 전파되어 전 세계적으로 유행하였다.

출처 | 충주시 유튜브 캡처

최초영상은 TikTok에 업로드 되었는데 이후 수많은 플랫폼, SNS, 여러 매체로 퍼져나가 활발하게 밈으로 정착하였다.

📢 B급 감성에 집착하지 마라

💬 B급 감성 문화 시대

황당하고 엉성하며 허술한 스토리. 촌티 나는 단순하고 직설적인 화법에 시종 낄낄대는 공무원들.

영상을 보는 사람도 함께 킥킥대고 만다. 반복되는 리듬에 묘한 중독성까지 있다. 유튜브 'B급 감성'과 '병맛(맥락 없고 형편없고 어이없음)' 콘텐츠이다. 어딘지 부족한 듯한 이런 영상을 자치단체 홍보 영상에 불러온 곳은 충주시와 여주시이며 짧은 기간에 패러디되어 전국에 번졌다.

둘이든 셋이든, 유머 있거나 혹은 엽기적인 춤과 몸짓의 B급 감성이 게시되자 조회 수는 한없이 올라갔다.

충주시의 관짝춤 채널 조회 수가 4개월 만에 무려 424만 회를 기록했으니 홍보 영상의 패러다임을 새로 써야 할 판이다.

이후 너도 나도 B급 감성의 콘텐츠로 승부수를 던졌다.

B급 감성은 무엇보다 예산이 적게 들고 영상 제작도 비교적 쉽다는 이점이 있다. 이러다 보니 개인의 일상을 셀프 카메라로 찍어 올리는 브이로그에서부터 영화와 드라마 등을 패러디한 다양한 영상들이 잇달아 올라오고 있다.

이 가운데 울산광역시 울주군 공무원들이 대거 출연하는 B급 영상이 화제다.

울주군의 '공무원 아재의 주라주라' 패러디 영상은 게시한 지 4개월 만에 조회 수 20만 회를 기록했다. 복고풍 의상의 홍보 담당 공무원은 다른 동료와 함께 코미디언이 부른 노래를 립싱크로 부르며 안무를 흉내 내는 B급 영상으로 채널을 뒤흔든다.

대구광역시의 '대프리카 B급 뮤직비디오' 역시 대놓고 B급 콘텐츠로 한판 붙었다. 대구가 더운 것은 대구의 열정 때문이라는 억지를 써가며 음악에 맞춰 몸을 흔든다. 이 영상은 1개월 만에 1만 8천 회의 조회 수를 보이며 순항을 예고했다.

이런 흐름 탓에 지역 이미지를 소개하는 공무원 브이로그 영상도 B급으로 만들어지는 추세다.

이들은 먹방이나 관광지, 예술 단체, 스포츠 팀을 홍보하면서 웃음과 재미를 안겨주고 있다. 반응은 꽤 호의적이다. 이런 영상을 두고 '고급스러운 저급함'이라는 수식어가 붙는다.

댓글에는 "공무원이 이렇게 유쾌하냐?", "창의적인 공무원 모습이 좋다." 등의 반응이 나온다.

그러나 이 채널들은 태생적으로 유튜브에서만 볼 수 있다는 한계성을 지녔다. 유튜브 문화로 불리는 이유이다.

유튜브 언어와 영상으로 만들어진 B급 감성이 결과적으로 A급 성과를 내는 셈이다.

B급 감성을 활용한 각 지자체 홍보 영상

출처 | 하남시 유튜브 캡처

[추석특집]대구시청 주무관들이 패러디 한 '가족과 함께'

조회수 28,912회 · 2020. 9. 28.　　　　👍 341　👎 50　↱ 공유　☰+ 저장　···

출처 | 대구시 유튜브 캡처

📢 B급 감성 아니어도 좋다

💬 소통하면 된다

모든 유튜브 영상이 재미있을 수는 없다. 또 모든 영상이 B급 감성으로 만들어질 수도 없다. 영상을 업로드 할 때마다 운영자들은 구독자와 조회 수 등 피드백에 관심을 갖지 않을 수 없다. 공들인 영상인 만큼 한 사람이라도 더 구독해 주기를 은근히 바랄 뿐이다.

그러나 유튜브 담당자가 구독자나 조회 수에 목맬 필요는 없다.

자치단체 영상이 구독과 조회 수로 먹고사는 유튜버와 다르기 때문이다. 우리 주변의 따뜻한 콘텐츠로 소통하고 함께 공감하면 된다.

B급 감성이 아무리 유행하더라도 누구나 코믹하게 망가지는 영상을 만들 수는 없는 일이다. 유머감각을 익히기 위해 강의를 듣고 책을 읽어도 적절한 타이밍에 남들을 웃게 만드는 일이 결코 쉽지 않은 이치와 같다.

이를 두고 사람들은 소질, 즉 '끼'가 있어야 한다고 입을 모은다.

B급 콘텐츠가 아니더라도 공감 받는 탄탄한 영상은 얼마든지 있다. B급이 아니라서 기가 죽을 필요는 없다.

화제를 모으고 있는 경상북도의 이미지 영상을 보자.

'경북을 이어가면 스토리가 이어진다 하이스토리' 영상은 퀄리티 높은 영상미로 1년여 만에 239만 회의 조회 수를 기록했다. 경북의 대표적인 지역을 배경음악과 함께 이곳저곳을 이어가는 이 영상은 편안하고 고즈넉한 분위기로 인기를 끌고 있다.

코로나 기간 동안 자치단체마다 올린 추석특집 영상 역시 따뜻한 가족애를 담았다.

붓싼뉴스의 온라인 차례상 '올 추석엔 참말로 안 와도 된데이'를 비롯해 전남 보성군의 '고향에서 온(ON) 편지' 서울 구로구의 고향 부모님께 '손편지 쓰기' 등은 코로나 거리 두기로 만나지 못하는 추석의 아쉬움을 달래며 서로 소통했다.

추석 고향에서 온(ON) 편지~ 사랑을 전합니다~
조회수 1.8천회 · 2개월 전

보성군

고향에서 우리 아들,딸,손자들에게 보내는 메시지... #추석 #한가위 #보성 #메시
지 #편지 #거리두기 #그곳에가고싶다 #영상통화 ...

5:20

출처 | 보성군 유튜브 추석 고향에서 온(On) 편지 캡처

또 주민들에게 생활 속 정보를 안내하는 광명시의 '장난감 무료 대여'와 임실군의 '농기계 안전 사용하기' 등의 영상은 조회 수를 떠나 꼭 필요한 정보를 알려주는 가이드였다.

양양군의 '귀농 귀촌 이야기'와 서울 강남구의 코로나 극복을 위한 홈트레이닝, 중랑구의 '대학 입학 정보' 역시 조회 수는 많지 않으나 주민들에게 필요한 정보를 제공하는 콘텐츠로 손색이 없다.

자치단체 정책을 쉽게 설명하는 영상도 인상적이다.

광주광역시의 '광주공항 이전' 설명과 부산시의 '공원 일몰제' 등은 어려운 현안을 쉽게 이해할 수 있도록 하는 데 도움을 주고 있다.

🗨 독창성을 살려라

대한민국의 거의 모든 자치단체가 유튜브를 하고 있다.

정책 홍보부터 이미지 영상, 행사 안내, 관광지 소개, 뉴스, 먹방 등등 서로가 저마다 열심이다. 하지만 콘셉트는 서로 비슷하다. 차별화를 찾기가 어렵다.

그러나 그중에서도 인기 있는 콘텐츠는 분명히 있다. 무언가 다른 차별화 된 콘텐츠이다. 콘셉트가 거의 같은데도 전달방식은 사뭇 다르다. 그 중 하나가 지역 특성을 살린 콘텐츠이다. 산이나 바다도 좋고, 인물이나 지역 먹거리, 특산품도 좋다. 일부 자치단체들은 이런 특성을 살려 인기 있는 영상을 만들었다.

출처 진안군 유튜브 랜선 여행 – 진안 마이산 캡처

산과 바다로 이름을 알린 전북 진안군과 강원도 속초시, 양양군의 영상 조회 수는 수개월 만에 10만 회를 가뿐히 넘어섰다.

진안군은 자연 경관 등을 소개하는 미슐랭 그린 가이드에 진안 마이산이 소개되자 이를 토대로 아름다운 마이산 영상을 만들었다.

말의 귀를 닮은 2개의 신비한 바위산을 소재로 만든 영상 조회수는 5개월 만에 27만여 건에 달했다.

또 바다를 배경으로 한 속초시의 '바다 목소리를 따라 만나는 그곳, 속초' 영상은 2개월 만에 조회 수 14만 회를 기록했다. 쪽빛 속초 앞바다의 풍경으로 영상을 여는 '속초 바다 목소리'는 여성의 실루엣과 어우러져 속초시의 새로운 모습을 보여주고 있다.

바다를 끼고 있는 강원도 양양군은 배우 오광록을 조선 시대 최고 파도타기 명인으로 분장시켜 단숨에 양양을 국내 서핑 최적지로 등극시켰다. '올여름 가세 양양으로(조선 시대 파도타기)'는 갓과 도포 차림의 오광록이 서핑보드를 짊어지고 전설의 서핑지로 알려진 양양 바다를 찾는다. 절로 웃음 짓게 만드는 이 영상에 "코믹하고 신선하다."는 댓글과 함께 4개월 만에 9만 회의 조회 수가 나왔다.

경기도 평택시의 '비담평택'은 TV 예능프로그램을 패러디했다.

비담평택은 가수와 개그맨, 유튜버가 평택 10대 명소를 돌며 미션 여행을 한다. 재미와 호기심을 잘 버무린 콘셉트 덕에 1년 만에 105만 회의 누적 조회 수를 기록했다.

트로트 열풍에 힘입어 경남 하동군과 전남 진도군, 경기도 포천시가 뜨고 있다.

하동군은 '미스터트롯' 스타 정동원 군을, 진도군은 트로트 가수 송가인 씨, 포천군의 임영웅 씨 영상을 각각 올렸다. 하동군의 정동원 색소폰 영상은 9개월 만에 55만 회의 조회 수를 기록했으며 전체 인구 4만 5천여 명에 불과한 하동군에 누적 조회 수 103만 회를 안겼다.

트로트 가수 송가인의 고향 전남 진도군 역시 명성을 얻고 있다.

진도군이 '송가인 아버님을 만나다'라는 콘셉트로 송가인 아버지와의 인터뷰를 올리자 2주 만에 2만여 건의 조회 수를 보였다. 이 영상에서는 진도군의 특산품 '진도 울금 꽈배기'를 함께 홍보하고 있다.

포천군 유튜브도 임영웅 씨의 인기로 뜨거워지고 있다. '포천시민이 보내는 임영웅 응원편지'가 6개월 만에 56만의 조회 수를 보였다.

이처럼 지역 특성을 살린 콘텐츠는 분명히 어필한다.

올여름 가세 양양으로- 양양군 홍보 영상

바다의 목소리를 따라 만나는 그곳, 속초- 속초시 홍보 영상

바다의 목소리를 따라 만나는 그 곳, 속초.

조회수 287,274회 • 2020. 7. 23.

💬 공튜버에서 벗어나자

자치단체 유튜브 제작자는 '공튜버'로 불린다. 공무원이 영상을 제작하고 등장인물도 공무원이기 때문이다. 이들은 화려한 컴퓨터 그래픽이나 드론을 쓰는 대신에 거의 맨몸으로 때운다.

1일 1깡이나 관짝춤이 대표적이다. 어정쩡한 자세로 음악에 맞춰 어깨를 들썩이는 춤 솜씨나, 재치 있는 입담만으로는 지금까지 보았던 정형화 된 공무원들의 모습이 아니다.

── 1일1깡: 공무원의 깡 커버(Rain – Gang cover) ──

#리스펙 #rain님 #호박전시현님
1일1깡 : 공무원의 깡 커버(Rain – Gang cover)
조회수 1,115,436회 · 2020. 4. 8.   👍 1.5만 👎 422   ➡ 공유 ≡+ 저장 …

여주시
구독자 9.04천명   구독중 🔔

출연 : 여주시 공무원(출연료없음)
기획, 촬영, 편집 : 여주시 공무원(유튜브 담당자)
소품 : 모자(산림공원과 협찬), 의상(출연자 본인 옷)

그러나 자치단체에 유튜브 문화가 들어오면서 공무원들에 대한 이미지마저 크게 바뀌었다. 공무원들도 재미있고 '놀 줄 아는' 직장인이 된 것이다.

　　열악한 제작 환경에서 공튜버는 창의적인 아이디어 하나로 버티어 낸다. 충주시 유튜브를 이끄는 김선태 주무관은 혼자 기획하고 혼자 촬영과 편집까지 마무리한다.

　　김 주무관은 "한 해 예산 60만 원으로는 어쩔 수 없다."고 하소연한다. 제작예산이 부족하다 보니 뛸 수밖에 없다는 것이다.

　　다른 자치단체들도 외주업체에 맡기지 않는 한 사정은 비슷하다.

　　자치단체 유튜브 제작과 운영이 언제까지 공튜버 '1인 기획'에 의존해야 할까. 걱정스럽다.

　　승진과 전보라는 공무원 조직의 특성을 감안하면 더욱 그렇다.

　　일부 자치단체에서는 유튜브 제작과 운영을 전문업체에 위탁하는 방법을 쓴다. 맞춤 주문 형태다.

　　이런 영상들은 드론을 띄우고 고화질 카메라를 쓰면서 영상미가 뛰어난 것이 사실이다. 하지만 공튜버 영상에 비해 현실감과 친밀도, 특유의 B급 감성 재미가 못 미친다는 평가가 나온다.

　　이런 한계를 극복할 방안이 무엇일까.

　　가장 쉬운 방법이 분야별 전문가를 활용하는 방안이다. 일부 자치단체에서는 외국인이나 트로트 가수, 유튜브 크리에이터를 출연시키거나 전문 임기제 공무원을 채용하는 등 다양한 방법을 동원하고 있다.

　　외부인을 제작에 참여시킨다면 유튜브를 더 안정적으로 운영할 수 있는 장점이 있다. 다만 충분한 예산이 뒷받침되어야 한다.

제작 과정에 분야별 전문가를 참여시키면 다양한 콘텐츠를 살릴 수 있는 이점도 있다. 하지만 일관성 있는 주제로 같은 콘텐츠를 만들어 올리기는 쉽지 않다.

다른 방법으로는 유튜브에 관심 있는 주민들을 영상 제작에 참여시키는 것이다. 자치단체들이 SNS 시민기자단을 운영하는 것처럼 유튜브 영상 제작에도 주민들을 참여시키는 것이다.

출처 | 완주군 유튜브 YOU TV 캡처

전북 완주군은 주민들이 제작에 참여하는 '완주군 크리에이터'를 운영하고 있다. 완주군 유튜버 영상 놀이터(You TV) 채널에 주민들이 제작한 다양한 영상을 올린다. 영상 속 인물이 가까운 이웃이라서 더 호감이 간다.

경기도 화성시의회도 이런 방법을 시도했다. 주민들을 상대로 유튜브 시민참여 MC를 모집한 뒤 영상을 포스팅 한다.

운영 방법은 자원봉사와 재능기부 형태이다. 이러한 노력이 정착되면 자치단체 유튜브가 공튜버 한계에서 벗어나는 데 도움이 될 것이다.

출처 | 화성시의회

💬 자치단체 간 협업 영상 만들자

공통의 현안 놓고 공동 제작

유튜브를 활용한 자치단체 간의 협업 영상을 시도해 보자.

협업 영상은 공간 지리적으로 가까운 행정권역에 따라 제작할 수도 있고 이슈가 같은 자치단체 간, 광역자치단체와 기초자치단체 간에도 가능하다. 콘텐츠는 관광 문화 자원을 중심으로 하거나 각 지역의 이슈나 현안 등을 활용할 수 있으며 콘셉트는 많다.

예를 들어 지리적 여건이 같은 태백산맥권, 지리산권, 동해안권, 서해안권 등으로 묶어서 영상을 제작하거나 자치단체 간의 공통된 현안 사업이나 문제들에 대해 협업 영상을 만들 수도 있다.

또 자치단체와 기업 간의 협업 영상도 검토해 볼 필요가 있다.

2019년 인천시와 SK 석유화학은 친환경을 주제로 한 유튜브 영상을 B급 감성으로 제작하면서 화제가 되었다.

출처 | 인천시 유튜브 캡처

　이 영상은 1회용품 줄이기 문화를 지역에 확산시키기 위해 만들어졌으며 인천시 신입 공무원과 SK 인천석유화학 신입사원이 출연, 색다른 호기심과 재미를 안겼다.

　자치단체와 기업이 공동으로 제작한 홍보 영상은 국내에서 처음 시도되었고 2개의 유튜브 채널에 동시에 올려 관심을 받았다.

　이처럼 환경문제 등 공통 이슈를 놓고 자치단체와 기업이 유튜브 캠페인 영상 등을 제작하는 것도 공익가치를 높이는 한 방법이 될 것으로 보인다.

💬 조회 수에 기(氣) 죽지 마라

임의노출 어려운 현실

유튜브 운영자에게 가장 큰 스트레스는 조회 수와 구독자이다.

두 개의 지표는 수익의 근간이 되기도 하고 인기를 가늠하는 척도이기도 하다. 자치단체 유튜브 역시 이 범주에 안에 있다. 그렇다고 자치단체 유튜브를 이 지표로만 평가한다면 다소 불리한 측면이 있다. 유튜브 특성상 영상 시청 이력이 없으면 임의 노출이 거의 이뤄지지 않기 때문이다. 이래서 자치단체 유튜브는 상대적으로 아는 사람만 찾아와 보는 영상이 되기 쉽다.

조회 수의 실체를 보자. 조회 수 카운팅은 10초 정도 영상에 머물러야 반영되며 실시간으로 조회 수에 반영되기보다는 상황에 따라 반영되고 조회 수 가운데 20~30% 정도가 중복되는 횟수인 것으로 알려지고 있다.

유튜브의 고객은 시청자가 아닌 광고주이다.

유튜브는 많은 사람들이 영상을 보며 오래 머물러야 수입이 늘어난다. 그래서 유튜브 알고리즘은 데이터로 영상을 추천해 준다. 내가 본 영상을 중심으로 또 다른 영상을 추천한다. 내 취향까지 파악해 가면서 말이다.

일반적으로 조회 수는 재미있고 이색적이며 새롭거나 쇼킹한 것을 중심으로 올라간다. B급 감성이 인기 있는 이유이며 콘텐츠에 영향을 받는다.

그렇다면 구독자는 어떤가. 구독자는 영상이 자신에게 도움이 되는지의 여부에 따라 결정되는 경향을 보인다. 생활 정보나 자기 계발, 취미생활 등이 영향을 준다.

조회 수와 구독자가 많으면 그만큼 탄탄한 채널을 유지할 수 있는 장점이 있다.

조회 수 유지를 위해 10초 안에 눈을 사로잡는 영상을 만들고 썸네일에 공을 들이거나 영상의 제목과 설명 문구를 눈에 띄게 만들며 태그를 이용한다.

아쉽게도 자치단체 홍보 목적의 콘텐츠는 좀처럼 조회 수와 구독자가 오르지 않는다. 그렇다고 실망하거나 낙심할 필요는 없다.

공익과 재미로 지속가능한 채널을 유지하는 것이 자치단체 유튜브의 운영 목적이지 않은가?

유튜브 채널의 핵심은 길게 보고 가는 것이다. 짧은 시간에 승부를 내는 플랫폼이 아니라는 사실을 상기할 필요가 있다. 조회 수에 일희일비하는 대신에 공감하고 소통하는 영상을 만드는 데 더 많은 관심을 갖자.

유튜브 썸네일 관련 영상

**썸네일 예쁘게 만드는 팁 디자이너가 전부 알려드려 ⋮
요 // 혼코재 // 유튜버 // 크리에이터**
조회수 5.3만회 · 1년 전

JadeleeDNA Design ✔

유튜브 처음 시작할 때 썸네일 디자인 너무 어려운 초보분들을 위한 썸네일 이쁘게 만드는 방법! 5가지 공개할게요! ▷ Similar ...

**유튜브 썸네일 그렇게 만들면 안돼요! '조회수 잘나
오는 썸네일 팁 6가지'**
조회수 6.1만회 · 6개월 전

네모클레어

우리 유튜브 모두 성공하자규요!! 0:00 인트로 1:12 썸네일 꿀팁 첫 번째 2:50 썸네일 꿀팁 두 번째 4:26 썸네일 팁 세 번째 5:09 ...

4K

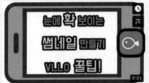

**vllo편집 초간단 썸네일 만들기, 썸네일 예쁘게 만드 ⋮
는법 ,유튜브에 썸네일 적용하는 방법**
조회수 10만회 · 8개월 전

뽕그네의유튜브대학

vllo썸네일만들기 #예쁜썸네일 #초보유튜버 안녕하세요~ 유튜브쌤 뽕쌤 쮸쮸TV입니다. 오늘은 vllo만 이용해서 눈에 확 띄는 ...

**구독자를 부르는 썸네일 만들기 팁 + 포토샵없이 유 ⋮
튜브 썸네일 만드는법 + 캔바 모바일 사용법 [하루...**
조회수 3.4만회 · 1년 전

하루플레이

썸네일을 어떻게 만드는지에 따라 조회수가 완전히 달라진다구욧! (정작 저는 썸네일에 신경을 잘 못쓰고 있다는..ㅎㅎ) 그동안 알게된 ...

유튜브, 생중계 시대 열었다

코로나 기간 '온택트' 축제로 후끈

행사, 이벤트 등 소통 기회 활용

자료 제공 | 강동구청

유튜브는 이제 TV 방송에 이어 축제 등 현장을 실시간 생중계하는 채널로 자리를 잡았다.

코로나19 기간에 온택트 축제로 전국을 달구고 종교와 스포츠, 각 기관의 회의 중계에 이어 심지어 법원의 재판을 생중계하는 등 멀티미디어 시대를 열어가고 있다. 영상 활용에 저비용 고효율이 장점인 유튜브 생중계는 활용 가치가 매우 높다. 유튜브 중계로 주민들과 적극 소통하자.

시장·군수의
소통하기

믿음을 주라

일방적인 홍보는 금물

'선거는 전쟁, 정치는 쇼!'

수년 전에 세간의 관심을 모았던 영화 '특별시민'에 나왔던 대사의 한 토막이다. 정치와 권력의 관계를 함축적으로 표현한 이 영화는 서울시장 변종구(최민식)가 차기 대권을 노리고 서울시장 3선에 도전하는 선거판을 그렸다.

이 영화가 호평을 받았던 것은 치열한 선거전을 현실감 있게 담아낸 것 외에, 공감이 가는 솔직하고 적나라한 대사들이 많았다는 데 있다.

그중 하나가 선거에 대한 정의다. 변종구는 말한다. "사람들이 믿게 만드는 것. 그게 바로 선거야!"

어느 자치단체장은 선거에 당선되자마자 "오늘부터 다음 선거를 준비하자!"며 건배사를 외쳐 입방아에 오른 적이 있다.

사실, 대부분의 시장·군수들 역시 속내는 이와 별반 다르지 않다.

지금 4년이 미래 4년의 임기를 보장받는다는 데 이의가 없다.

자치단체장직을 보장받는 길은 여러 가지이다. 정당 공천을 받는 것에서부터 지역 개발 사업에 대한 평가 등 변수는 많다.

이 가운데 주민들과의 소통에 비중을 두는 사람이 적지 않다. 단체장을 경험한 전직 시장·군수 다수가 무엇보다도 주민들과의 소통이 근본이라고 강조한다.

임기 내내 자신은 죽으라고 지역 발전에 매달렸건만, 선거에 지고 나니 아무도 알아주지 않는다고 뒤늦게 푸념하는 단체장도 있다. 열심히 일했다면 그런 사실들을 주민들과 소통하고 공유해야 한다. 신문과 방송이나 자치단체가 발행하는 홍보 책자로는 역부족이다. 직접 소통하는 방법이 필요하다.

주민들을 상대로 한 SNS와 홍보 플랫폼 유튜브를 활용하는 것이다.

상당수의 자치단체가 유튜브 영상에 코로나19 대응 활동에서부터 시장·군수의 활동 내용을 시정이나 군정 뉴스 형태로 올리고 있다. 넥타이를 맨 차림부터 노란색의 민방위복을 입은 모습 등 주민들에게 열심히 일하는 모습을 보여주고 있다.

이런 모습들을 바라보는 주민들의 반응은 어떨까.

아쉽게도 기대에 크게 못 미치는 수준이다.

A 단체장은 자신이 직접 나서 시정 주요 성과를 설명하는 유튜

브 영상을 올렸다. 그렇지만 영상을 올린 지 1년여가 다 되어 가는데도 200회 미만의 조회 수를 보이고 있다.

B 단체장 역시 1주일 간격으로 영상을 업로드 해가며 주민들과 가까워지기 위해 노력하고 있으나 조회 수는 신통치 않다. 이 단체장은 '코로나19 극복 대시민 감사 영상 메시지'와 외부 기관에서 받은 자치단체장 수상 내역까지 묶어 올렸으나 조회 수는 제자리걸음이다.

왜 그럴까?

한 마디로 재미없기 때문이다. 시장·군수의 치적을 담았거나 일방적으로 얼굴을 알리는 영상에 큰 관심을 갖지 않는 것은 어쩌면 당연한 일이 아닐까.

업적이나 치적을 일방적으로 전달하는 것보다 주민들과의 소통 영상이 공감을 받는다.

💬 연출하라, 그래야 본다

현역 프리미엄, 버릴 것인가?

"자신의 이미지를 살려라. 위대한 쇼맨이 돼라."

선거 전략에 나오는 말이다. 한 걸음 더 나아가 '후보는 끊임없이 배려하는 모습을 보이고 구체적인 언어로 희망을 제시하라'고 조언한다.

누구나 다 아는 통속적인 선거기법이다.

그런데도 선거판의 승자와 패자는 반드시 존재한다.

선거판이 벌어질 때마다 후보 간의 정책 대결 보다 유권자의 감성에 호소하는 '이미지 선거'를 경계하는 목소리가 높아진다.

그러나 어찌하겠는가. 후보의 이미지가 판세에 영향을 미치고 있는 것이 현실이니 말이다.

판이 큰 선거일수록 후보들은 저마다 감동 드라마를 연출하기 위에 사활을 건다. 양로당과 복지원을 찾고 전통시장 등을 돌며 평소에 잘 먹지 않던 떡볶이를 먹어가면서까지 연출에 땀을 뺀다.

여기까지는 선거 운동 기간에나 하는 일이다.

대체로 선거는 논리 싸움이 아닌, 감정에 의해 투표행위가 결정된다는 것이 정석이다.

시장·군수는 시정 활동과 군정 활동을 이유로 주민들과 끊임없이 만난다. 선거기간을 제외하면 어떤 방해나 지장도 받지 않는다.

그러나 만나는 사람들의 면면을 분석해 보면 전혀 새로운 사람은 그다지 많지 않다. 자치단체 행사 위주로 사람들을 만나게 되니 어쩌면 당연하다.

선거를 앞두고 공을 들여야 할 사람은 따로 있다. 바로 불특정 다수의 주민들이다. 이들에게 다가서야 한다.

그 방법도 그다지 어렵지 않다. 유튜브로 만나면 된다.

A 광역시장이 디지털 포럼 행사에서 사회자의 성화에 못 이겨 노래 한 곡을 불렀다. 그러자 유튜브에 영상이 올라오고 "시장님 깜놀이에요!", "우리의 벗, 우리 시장님!" 등의 댓글과 함께 조회 수가 급증한 적이 있다.

이처럼 때로는 넥타이를 풀고, 근엄함도 내던지고 주민들과 함께하는 모습의 영상을 게시하는 것이다. 다소 어색하더라도 이런 영상이 간부들과 회의하거나, 기자회견 하는 모습보다 조회 수가 늘고 주민들이 관심을 더 갖는다는 것을 상기할 필요가 있다.

재난 현장에서 지휘만 하는 단체장보다 때로는 현장에 뛰어드는 모습에 주민들이 더 감동하고 환호하는 이치와 같다.

대다수 주민들은 단체장의 이런 모습을 자신과 동일시하며 전폭적인 지지를 보낸다. 때로는 감동으로 받아들여진다.

시민의 날, 군민의 날에 주민들과 함께 뛰며 뒹구는 시장·군수의 소통은 오랫동안 기억되는 자산이 될 수 있다.

코로나19가 선거 풍토까지 바꿨다.

2020년 4 · 15 총선 때부터 유튜브 선거운동이 활발히 시작됐다. 앞으로 유튜브가 선거운동을 지배할 것으로 보인다.

유튜브를 활용한 주민과의 소통 영상은 현역 단체장들만이 누리는 프리미엄이다.

선거 때마다 "잠자는 시간도 아깝다."고 푸념하기 전에 유튜브 영상으로 내일을 대비하는 것이 당선의 지름길이다.

　　홍보의 기술

"남들과 달라야 성공합니다."

B급 감성 끝판왕, 충추시 김선태 주무관

공무원 유튜브 대통령, 충주시 김선태 홍보맨을 만나다.

Q. 정말로 유튜브 제작을 혼자 하나요. 예산도 61만 원이 맞나요.

A. 유튜브 제작은 저 혼자하고 있습니다. 그러니 팀원은 1명입니다. 한 해 예산은 61만 원입니다. 많은 사람들이 믿지 않는데 사실입니다.

Q. 예산과 조직, 장비가 더 확충되면 콘텐츠에 도움이 될까요.

A. 원하는 퀄리티에 따라 다르지만 좀 더 고퀄리티의 영상을 촬영하는 데 도움이 될 것으로 생각합니다. 다만 예산과 조직이 확보되면 그에 따른 의사결정의 문제나 콘텐츠 자율성이 저하될 것으로 우려되는 부분도 있습니다.

Q. 기획 아이디어는 누가 하나요.

A. 당연히 혼자 합니다.

Q. 제작 때마다 주안점을 어디에 두고 있나요.

A. 유튜브는 무엇보다도 재미있어야 된다고 생각합니다. 재미를 가장 중요하게 생각합니다.

Q. 제작과 관련, 사전 또는 사후 결재를 정말로 안 받나요.

A. 제작과 관련해서는 특수한 경우가 아니면 받지 않습니다. 안 그러면 아마 영상 만들기가 쉽지 않을 것입니다.

Q. B급 감성으로 제작하는 이유가 있나요.

A. 일단 제작 능력이 B급밖에 만들지 못합니다. 또 한 가지 이유는 특이해야 사람들이 관심을 가지기 때문입니다. 만일에 다른 자치단체와 똑같이 만든다면 아무도 관심을 갖지 않을 것입니다.

Q. 타 자치단체도 B급으로 따라 하는 경향인데 이럴 필요가 있나요.

A. 무분별하게 B급으로 운영되는 것에 비판이 있는 것도 사실이지만, 어떻게든 채널을 홍보하려는 의지라고 보입니다. 홍보에 가장 중요한 것은 역시 조회 수입니다.

Q. 거의 혼자 뛰다 보니 걱정되네요. 내부 혹은 외부 전문가와 함께할 계획 있나요.

A. 아무 능력도 없이 혼자 부닥치는 것이 콘셉트이기 때문에 아직까지는 없습니다.

Q. 제작하면서 조회 수에 대한 예상을 하나요.

A. 솔직히 흥행을 예상했습니다만 예상보다 더 상회했습니다. 감사할 일이죠.

Q. 시장님 출연시킬 계획 있나요. 아니면 시장님께서 출연하고 싶어 하지 않나요.

A. 특별히 필요하다면 출연 예정입니다. 본인이 아주 원하지도 않으십니다.

Q. 일부 자치단체에서 시장·군수가 출연하고 있는데 이에 대한 개인적인 생각은 어떤가요.

A. 매번 자주 출연한다면 의미 없다고 생각합니다. 누구를 위한 홍보인지 생각한다면 답이 나옵니다.

Q. 시장이나 간부 공무원들을 코믹하게 등장시켜 호감도를 높이는 방안에 대한 생각은.

A. 한두 번은 흥행할 수 있으나, 계속적으로는 어렵습니다.

Q. 지자체 유튜브 붐의 동기는 주무관님입니다. 앞으로도 이 콘셉트를 유지하나요.

A. 유튜브는 계속 변화하기 때문에 다른 콘텐츠도 많이 하겠지만 우선 기본적인 콘셉트는 유지할 생각입니다.

Q. 얼마 전까지 지자체 플랫폼은 페이스북이었으나 이제는 유튜브 시대입니다. 유튜브를 앞서 나가게 될 예상되는 플랫폼이 있을까요.

A. 당분간은 유튜브가 대세라고 생각합니다. 다만 좀 더 짧은 플랫폼(틱톡 등)들을 주목해 볼 필요가 있다고 생각합니다.

Q. 타 지자체 유튜브 제작에 도움 되는 결정적 한 말씀해 주신다면.

A. 남들과 다르게 하십시오.

Q. 콘텐츠가 좋은 타 자치단체 유튜브 채널 몇 개 꼽아주신다면.

A. 솔직히 저는 다른 지자체 유튜브는 별로 보지 않아서 잘 모르겠습니다.

기사 되는
보도 자료
만들기

기사 되는
보도 자료 만들기

🔊 기자들 입맛 맞게 요리

신입 공직자들은 보도 자료 작성에 애를 먹는다. 쉬울 것 같지만 막상 쓰려고 하면 대부분이 난감해한다.

책을 뒤지고 인터넷을 찾아봐도 따라 하기가 마땅치 않다.

그렇지만 보도 자료의 특성과 틀을 이해하면 생각보다 쉽게 쓸 수 있다.

이 장에서는 군더더기는 버리고 가능하면 바로 적용할 수 있는 보도 자료 작성법에 다가가고자 한다.

출입 기자들을 상대로 배포되는 보도 자료는 기자들의 선택 여부에 따라 자료의 운명이 결정되고 만다. 아무리 구체적인 데이터를 붙이고 미사여구를 동원하였더라도 기자들이 외면한다면 그 자료의 생명은 끝이다.

분명한 것은 보도 자료의 목적은 기사화되는 것이다.

대부분의 자치단체는 홍보실이나 공보실에서 자료를 다듬은 뒤 기자들에게 자료를 배포한다. 이러다 보니 홍보실에는 각 실·국에서 내는 보도 자료가 매일 쌓이고 있다.

　어떤 자료는 운 좋게 다음날 아침신문의 톱을 차지하는 데 비해, 다른 자료는 어느 지면에 있는지조차 찾기 어렵다. 방송이나 인터넷에서도 결과는 똑같이 나타난다.

　왜 이런 결과가 나타날까? 이유는 간단하다. 기자들의 입맛을 아는 것과 모르는 것과의 차이 때문이다.

💬 공보가 아닌 홍보를 하라

한동안 공보(公報, publicity)와 홍보(弘報, public relations)에 대한 개념이 혼용된 적이 있다. 관선 시대인 1990년대 이전만 해도 국가기관이나 자치단체 등에서도 국민들에게 널리 알린다는 의미에서 공보라는 용어가 일반적으로 쓰였다.

그러다가 2000년대 민선 시대에 접어들면서 국민, 곧 주민의 의견을 반영한 기관과 주민이 서로 소통한다는 의미의 홍보 용어가 정착되었다.

공보가 일방적으로 주민들에게 정책 등을 알리는 커뮤니케이션의 의미로 쓰였다면 홍보는 주민과 자치단체 간에 이뤄지는 쌍방향 커뮤니케이션이라는 의미로 받아들여진다.

과거 자치단체의 홍보 방법은 주로 언론에 일방적으로 보도 자료를 전달하는 방식이었으나 근래 들어서는 언론을 포함, 주민들과 직접 소통하는 형태로 바뀌었다. 대부분의 자치단체는 적극적으로 주민과 소통하기 위해 노력하며 한 방향이 아닌 쌍방향의 홍보에 나서고 있다.

🗨 모든 것이 보도 자료다

보도 자료는 무엇으로 만들까.

자치단체의 정책에서부터 각종 행사에 이르기까지 공직자가 하는 업무들은 주민들의 삶과 직결된다. 행정은 물론, 교통, 안전, 경제, 주택, 문화, 복지 등을 다루는 자치단체의 업무는 궁극적으로 주민편의와 주민복지로 요약된다. 주민들은 또 자신의 이해관계와 관련된 일이라면 모든 것이 궁금하다.

쓰레기 수거에서부터 보건소의 예방주사 접종은 물론, 중앙정부의 정책과 연관된 사업에 이르기까지 끊임없이 소통하기를 원한다.

보도 자료의 목적은 결국 알고 싶어 하는 주민들과 소통하기 위해 만들어지는 것이다.

그렇다면 보도 자료에는 무엇을 담을까?

콘텐츠는 매우 단순하다. 공직자 업무 거의 모든 자료가 보도 자료이다.

예컨대, 주민등록 업무를 하는 직원이 연말에 내는 통계가 인구 유·출입 정도를 유추해 볼 수 있는 보도 자료가 될 수 있고 음식 업종의 휴·폐업 수는 지역 경제 지표의 척도를 가늠할 수 있는 기준이 될 수 있다.

또 외국인을 위한 쓰레기 배출 요령 등을 외국어로 제작 배포하였다면 이 또한 의미 있는 보도 자료가 된다.

이밖에 꽃길 조성에서부터 자전거길 안내, 가로등 교체, 건축물 인·허가 등 모든 업무가 보도 자료로 활용될 수 있다. 자신의 업무가 보도 자료로 활용될 수 있는 셈이다.

💬 사회적 이슈를 따라가라

2020년 세계를 공포에 몰아넣은 코로나19 감염병에 대한 정보는 근래에 없었던 사회적 핫 이슈가 되고도 남았다.

중앙정부에서부터 기초단체에 이르기까지 질병관리본부가 발표하는 확진자 수와 이동 동선 등은 그대로 뉴스가 됐다.

지금까지 한 번도 경험하지 못한 일이었다.

만일 사회 복지 시설에 화재가 발생하였다고 가정하자.

기자들은 사회 복지 시설에서 대규모 화재가 발생할 경우 맨 먼저 자신이 출입하는 자치단체의 사회 복지 시설 점검 결과를 요구한다. 점검 결과를 토대로 복지 시설의 실태를 보도하기 시작한다.

또 지진이 발생하고 나면 자치단체의 건축물 내진 설계가 어느 정도인지에 관심을 가지며 볼거리 등 어린이 전염병이 확산되면 보건소에 감염 여부나 생활 예방수칙 등을 묻는다.

뉴스는 이런 메커니즘에 의해 당시의 사회 상황을 그대로 반영하게 되며 기자들은 사회적 이슈에 맞는 보도 자료를 우선 채택하게 된다.

발 빠른 업무 담당자라면 그 상황에 맞춰 기자들에게 적어도 우리 자치단체는 안전하다는 충분한 자료를 만들어 전달할 것이다.

한동안 언론은 학교 앞 교통사고로 어린이가 숨지자 이른바 '민식이법' 제정의 필요성을 들고나온 적이 있다. 언론에서 이 문제가 제기되자 서울시는 이런 흐름에 맞춰 학교 앞 교통사고 통계를 활용, 운전자들의 주의를 당부하는 보도 자료를 발 빠르게 냈다. 이런 자료는 거의가 기사로 활용된다.

<table>
<tr><td colspan="4" align="center">2019. 12. 4.(수) 조간용
이 보도자료는 2019년 12월 3일 오전 11:15부터 보도할 수 있습니다.</td></tr>
</table>

걷자, 서울 ⋏   **보도자료**

담당부서 : 도시교통실 보행정책과			
	보행정책과장	○○○	2133-2410
	보행안전팀장	○○○	2133-2421
사진없음 □ 사진있음 ■ 쪽수 : 10쪽	담 당 자	○○○	2133-2425

'민식이법' 어린이보호구역 과속단속 CCTV설치 서울시부터 한다…600여 곳 설치

- 서울시, '20년 어린이보호구역 사고제로 원년 선언… 안전 강화 종합대책 발표
- 과속단속CCTV 전체 초등학교 어린이보호구역인 600여곳에 '22년까지 설치
- 불법주정차단속CCTV도 '22년 전체 초등 스쿨존으로, 초등학원도 스쿨존 대폭 확대
- 지정된지 오래된 스쿨존 노후시설 30개소 전면정비, 보도없는 통학로 8개소 정비

출처 | 서울시 보도 자료

서울시는 어린이 교통사고를 줄이기 위한 '민식이법' 제정 이전에 어린이 보호구역 안전 대책을 발표했다.

🗨 미담 기사를 발굴하라

자신도 생활하기 어려운 사람이 더 힘든 다른 사람을 돕거나, 주기적
으로 어려운 이웃을 돕는 '따뜻한 선행'은 우리 사회를 훈훈하게 한다.

이런 기사는 많은 사람들의 공감을 받게 되며 아울러 지역 이미
지 향상에도 일조를 하게 된다. 이웃사랑 외에도 지역을 알릴 수
있는 재미있는 이야기나 보람 있는 일들도 마찬가지이다.

전북 전주시에는 해마다 연말쯤이면 수천만 원의 이웃돕기 성금
을 동사무소 앞에 몰래 놓고 가는 '얼굴 없는 천사'의 선행이 나온다.

따뜻한 이웃의 아름다운 이야기들은 전국에 또 다른 사랑의 온기
를 전해 준다. 이런 미담 기사를 발굴해 보도 자료를 만드는 것이다.

출처 | 전주시 공보실

💬 보도 희망일보다 앞서 넘겨라

보도 자료를 내기로 했다면 각 실·국·과 업무 담당자는 보도 희망일보다 1~2일 전에 홍보실에 넘겨 일정을 조율하는 것이 낫다.

왜냐면 홍보 담당자는 자치단체가 내는 모든 뉴스의 비중이나 적절한 배포 시점을 계획하고 있기 때문에 미리 자료를 건네는 것이 일정 조율에 도움이 된다.

방송에 자료를 줄 경우라면 이보다 훨씬 앞선 4~5일 전에 주는 것이 좋다. 방송사의 스케줄에 따라 촬영 등의 기획이 이뤄지기 때문이다.

또 단순한 스트레이트 기사가 아닌 신문 지면 전체를 차지하는 특집 기사나 기획 기사에 대한 자료를 제공할 계획이라면 적어도 1주일 전에 자료를 건네는 것이 좋다. 대개 특집 기사는 일주일 중 정해진 요일에 맞춰 기사가 나가기 때문에 사전에 기자들에게 충분한 여유시간을 두고 조정하는 것이 바람직하다.

최근 자치단체들의 보도 자료는 홍보실을 거치는 시스템으로 바뀌면서 거의 완벽한 문장으로 다듬어지고 있다. 수년 전만 하더라도 보도 자료는 각 실·국·과에서 생산된 자료가 그대로 기자들에게 넘어갔다. 허점과 오류투성이였다.

보도 자료를 미리 준비하고 미리 배포하는 것이 보도될 확률을 높일 수 있다.

눈에 띄는 제목을 붙여라

제목이 자료를 살린다

기자들은 제목 한 줄로 보도 자료를 선택한다고 해도 과언이 아니다.

마감 시간에 쫓기는 기자들로서는 자료들을 일일이 찾아서 읽어 볼 겨를이 없다. 당연히 먼저 제목을 훑은 뒤 기사를 쓸 것인지 말 것인지 가늠한다.

내용을 명확하게 함축시킨 제목을 붙였다면 그 보도 자료는 살아남을 가능성이 높다. 잘하면 그날 지면의 톱기사로 써먹을 수도 있다.

만일 기자가 이메일을 통해 자료를 보고 찾는다면 틀림없이 제목만으로 기사의 취사선택을 할 것이다.

제목은 보도 자료를 내기 이전에 이미 정해질 수도 있고 자료를 모두 쓰고 나서 내용을 꼼꼼히 읽어 본 뒤 정할 수 있으나, 가급적이면 내용을 다 검토한 뒤에 제목을 붙이는 것이 보다 더 눈에 띄는 제목을 만들 수 있다.

전체 내용을 함축한 제목을 한 개 붙인 뒤 다시 그 아래에 2~3개의 부연 설명하는 부제목을 붙여주는 것도 좋은 방법이다.

📢 보도 자료 틀 만들기

💬 담당자를 밝혀라

보도 자료는 원칙적으로 자료를 최초로 낸 부서 담당자의 출처를 밝혀야 한다. 담당자의 이름과 전화번호가 그것이다. 이는 자료를 받은 기자가 내용이 궁금할 경우를 대비하기 위해 필요하며 담당자를 밝히는 것 역시 자료의 신뢰성을 높이는 데 도움을 준다.

새롭군 더전 시민의 힘으로	**보 도 자 료** (http://www.daejeon.go.kr/)		Daejeon is U	
보도일시	2020. 11. 4.(수)부터 보도해 주시기 바랍니다.			
담당부서	대전소방본부 119특수구조단	담당과장	○○○(042-270-1102)	
팀 장	○○○(042-270-1105)	담당자	○○○(042-270-1111)	
사진 ○ 영상 ×	영상은 인터넷 웹하드에서 확인하실 수 있습니다. 〈주소 : www.webhard.co.kr, ID : daejeon11, PW : a1234〉			

출처 | 대전시 보도 자료

사람이 반갑습니다 휴먼시티 수원		**보도자료.**	
보도일시	2020.09.21.(월)	담당부서	정보통신과 행정정보팀
관련자료	없음	담당팀장	○○○(031-228-20812)
사 진	첨부	담당공무원	○○○(031-228-3080)

출처 | 수원시 보도 자료

		보 도 자 료 [2020. 9. 22. 화]		한반도의 사랑 땅끝해남
담당 부서	인구정책과 출산장려팀	담당자	팀 장 ○○○ 주무관 ○○○	■ 보도자료 1매 ■ 사진 있음
		연락처	061-530-5976 061-530-5977	
보 도 일 시		배포 시점부터 보도하여 주시기 바랍니다.		

출처 | 해남군 보도 자료

🗨 주제를 생각하라

보도 자료의 발굴부터 보도 자료를 작성하기까지 반드시 보도 자료를 내는 이유와 목적이 존재한다. 대개 해당 실·국·과에서 거칠게 만들어진 자료가 홍보실로 1차 보내어진다.

지금은 대부분의 자치단체가 보도 자료 작성을 위해 언론인 출신 등 전문 직원을 두고 자료를 다듬고 있지만 예전에는 없었던 일이다.

이러다 보니 자치단체의 보도 자료가 거의 목적에 맞게 작성되고 있다.

어느 경우에는 너무나 완벽하게 기사 문장으로 다듬어진 나머지 이를 받아 든 기자들이 손을 대기가 난감해질 정도이다.

부서 담당자들은 이렇게 완벽하게 자료를 만들 필요는 없겠지만 적어도 뿌려지는 자료의 주제는 명확해야 한다.

또한 자료 1차 생산자인 업무 담당자는 시민들에게 무엇을 알려야 할 것인지, 즉 주제를 무엇으로 할 것인지 생각하고 자료를 정리해 홍보 담당자에게 전달해야 한다.

그래야 주제를 살린 일목요연한 보도 자료를 만들 수 있다.

💬 역삼각형으로 작성하라

이 말은 전달하고 싶은 내용을 앞 문장에 먼저 쓰라는 것이다.

곧 첫 문장을 쓰는 리드(lead)에 핵심 내용을 넣는 것이다. 리드 부분 한 단락만 읽고도 내용을 알 수 있도록 작성하는 것이다.

사실 아무리 긴 기사라 할지라도 첫 2~3문장에서 전달하고 싶은 핵심내용을 전할 수 있다. 다음에 이어지는 문장들은 앞 문장들을 이어 보충하는 형식으로 쓰면 된다.

편집기자가 편집 과정에서 뒤 문장을 자르더라도 첫 문장만으로도 내용을 전달할 수 있어야 하며 전체 기사를 읽지 않고도 리드 한 문장에서 내용을 알 수 있도록 해야 한다.

방대한 분량에 끝까지 읽어봐야 그 내용을 이해할 수 있는 자료라면 이미 보도 자료 원칙에서 멀어졌다고 봐야 한다.

🗨 6하원칙과 객관성

감상문이 아닌 이상, 6하원칙(6W)은 기본이다.

누가(Who), 무엇을(What), 언제(When), 어떻게(How), 어디에 (Where), 왜(Why) 등 6하원칙은 스트레이트(뉴스) 기사 작성 시 불변의 원칙이다.

보도 자료를 처음 써보는 업무 담당자는 6하원칙에 앞서 문장을 유려하게 쓰는 데 중점을 둔다. 그러나 보도 자료는 기자에게 전달 하는 자료이기에 지나치게 다듬어진 기사를 만들어 낼 필요는 없 다. 자료의 목적을 충분히 전달하면 된다.

또 하나는 보도 자료는 객관적 사실을 담고 있어야 한다는 것이 다.

기사화에 몰입한 나머지 특정 내용을 과대 포장 하는 일은 금물 이다. 예컨대 정확히 밝혀진 것도 아닌데 '전국 최초'라고 너스레 를 떠는 경우이다.

홍보 담당자는 가끔씩 이런 유혹 앞에서 고민하는 게 사실이나, 과대포장 된 내용이 사실로 밝혀질 경우 보도 자료는 가장 중요한 신뢰성을 잃는다. 지나친 과장이나 주장을 담아서는 안 되며 문장 구성은 제3자적 입장에서 객관적 시각으로 작성하면 된다.

🗨 행정용어를 피하라

　홍보 담당자에게 넘어오는 자료의 상당수가 행정용어를 달고 온다. 업무 보고 자료를 그대로 넘기는 경우도 있다. 기자들은 행정용어 일색인 자료는 뒤로 제친다. 예컨대 연말 때 나오는 자료를 보자. 이웃을 돕기 위해 어느 한 시민이 백미(쌀)를 독거노인(홀몸노인)에 전달했다고 자료를 낸다.

　상당수의 자치단체가 여전히 행정용어나 한자어를 지금도 그대로 사용하고 있다.

　많이 쓰는 한자어 가운데 바꿔 썼으면 하는 단어들이다.

　이번 체육대회에서 OO시의 이름을 '거양했다(드높였다)', '게첨하다(내걸다, 내붙이다)', '금번, 금회(이번)', '성료(성공적으로 끝남)', '수범사례(잘된 사례)', '시건장치(잠금장치)', '자동제세동기(자동심장충격기)' 등이다.

　또 영세 농가, 재촌 비농업인, 비료 시비, 결속 작업, 젖소 유두 세척 등 한자가 섞인 용어를 그대로 쓰는 경우가 많다. 쉬운 우리말로 풀어서 바꿔 쓸 필요가 있다.

💬 어려운 용어 풀어 써라

A 자치단체가 낸 보도 자료이다.

　　OO군이 물을 더 깨끗하게 할 수 있는 최첨단 상수도 기술 개발에 앞장서면서 국가환경기술 개발을 적극 선도해 나가고 있다. (생략)

　　이날 협약을 맺은 에코 스마트 상수도 시스템 개발 산업단은 세계 최고의 기술개발을 목표로 <u>ET/ IT/ NT 융합기술</u> 기반으로 한 상수도 관련 첨단 기술개발 및 발전을 위한⋯⋯ (생략)

B 자치단체가 낸 보도자료이다.

　　(생략) ⋯⋯ 도내 농공단지에 소재한 모든 업체에 <u>수의시담 참여 기회</u>를 제공하여⋯⋯ (생략)

　　A 단체의 자료 가운데 도대체 ET/ IT/ NT 융합기술이라는 것이 무엇일까. 첨단 기술개발의 한 분야인 것 같은데 관련 전문가가 아니라면 도저히 알 수 없는 노릇이다.

　　이런 자료를 맨 처음 접한 홍보실 보도 자료 담당자의 수고가 읽힌다. 인용하자니 그렇고, 안 하자니 부족한 것 같고, 고심 끝에 이 자료를 낼 수밖에 없었을 것이다. 이런 자료를 받은 기자들 역시

당황스럽긴 마찬가지이다.

B 단체가 낸 수의시담(隨意示談)이라는 말은 어떤 의미일까.

그 뜻은 계약용어로 가격 협의라는 의미이다. 자치단체 계약업무 담당자는 늘 쓰는 용어이겠지만, 기자 입장에서는 이해가 쉽지 않은 노릇이다.

만일 기자가 이 기사를 꼭 쓰고 싶다면 담당자에게 묻겠지만, 그렇지 않다면 기사화되기 어렵다.

기자가 어려운 용어로 기사를 올리면 사내 데스크나 편집부 기자가 이의를 제기하거나 불만을 나타낸다. 제목이 안 나온다고 항의하고 기사 작성 원칙을 벗어난 것으로 간주한다.

어느 경우에는 편집기자가 송두리째 기사를 들어내는 경우도 있다.

홍보 담당자는 외래어나 전문용어를 만나면 이를 풀어서 쓰거나 아니면 단어를 아예 빼고 보도 자료를 작성하는 방법이 낫다.

💬 쉽게 쓰되, 길게 쓰지 마라

기자들의 기사 작성 원칙 가운데 첫 번째가 알기 쉽게 쓰는 것이다. 언론사 데스크에서는 초등학생이나 중학생이 읽거나 들어도 기사를 쉽게 이해할 수 있도록 쓰라고 주문한다.

기자들에게 보도 자료를 제공하는 자료 역시 이 범주를 벗어나면 안 된다.

행정용어는 반드시 쉽게 풀어 쓰고 누구든지 이해할 수 있는 쉬운 문장으로 짧게 구성하며 구어체로 쓰도록 한다.

보도 자료 길이 역시 A4 2장 이내(1,000자 이내)로 작성하는 것이 좋다. 설명이 더 필요하다면 별첨 자료 형식으로 붙여주면 된다. 아무리 기사가 길어도 신문 편집 과정에서 편집기자가 기사를 자르는 경우가 허다하다. 내용을 함축해 쓴다고 해도 A4 2장 이내에서 얼마든지 보도 자료를 만들 수 있다.

🔊 사진(영상 자료)과 그래픽 도표를 활용하라

신문의 경우 사진 자료와 그래픽 도표 등을 제공하고 방송은 영상자료를 제공하는 것이 보도 확률을 높이는 전략이다.

자료의 내용을 한눈에 꿰뚫는 사진이라면 더할 나위가 없고 이때 사진 설명도 함께 해주면 된다. 기사에 사진이 붙게 되면 기사가 더 커지는 이점이 있다.

사랑이 반갑습니다
휴먼시티 수원

보도자료.

11월 2일부터 호매실-판교 구간, 경기 프리미엄 버스 운행
-좌석 예약제, 주요 거점만 정차… 앉아서 빠르게 목적지 도착할 수 있어-

보도일시	2020.10.28.(수) 배포	담당부서	대중교통과 버스정책팀
관련자료		담당팀장	○○○(031-228-2292)
사 진	첨부	담당공무원	○○○(031-228-2287)

사진) 경기 프리미엄버스 외관

일반 광역버스보다 쾌적하고, 빠른 프리미엄 버스가 11월 2일부터 수원 호매실에서 성남 판교를 오가는 구간을 운행한다.

경기도가 도입한 '경기 프리미엄 버스'는 좌석을 예약할 수 있고, 주요 거점만 정차해 승객은 앉아서 빠르게 목적지에 도착할 수 있다. 입석 운행, 긴 승차 대기 줄이 없다.

호매실과 판교를 오가는 P9100번 경기 프리미엄 버스는 평일 출퇴근 시간대에 각각 2회 운행한다. 28~31인승 우등형 버스라 기존 광역버스보다 좌석이 넓고 쾌적하다.

출처 | 수원시 보도 자료

수원시 보도 자료 | 시민들이 쉽게 이해할 수 있도록 붙임 자료로 설명하고 있다.

그래픽이나 도표 역시 신뢰도 향상에 도움을 준다. 사진 1컷이 기사보다 더 강한 메시지를 전달할 수 있으며 그래픽과 도표 역시 메시지 전달에 큰 도움을 준다. 보도 자료 가운데 사진이 좋아 기사화되는 경우도 많다.

💬 오보에 적극 대응하라

가끔씩 언론의 잘못된 보도를 대하는 홍보 담당자는 황당할 때가 많다.

마음먹고 낸 보도 자료를 의도적으로 기사를 뒤집는 것에서부터 사실과 다른 쪽으로 기사화되는 등 잘못된 보도는 여러 가지로 홍보 담당자에게 많은 스트레스를 가져다준다.

과거에는 언론사의 일방적인 오보에 자치단체는 그야말로 속수무책으로 당하기 일쑤였다. 정정 보도를 요구해도 일부 기자들은 자신의 책임을 벗기 위해 자존심을 내세우며 거꾸로 홍보 담당자를 은근히 압박해 오기도 했다.

결국 자치단체는 언론에 맞서기 위해 언론중재위원회에 제소하는 방안을 찾을 수밖에 없었다. 말이 쉽지 언론중재위원회 제소 역시 결코 쉽지 않다. 중재위원회에 제소하는 순간, 해당 기자와 언론사와의 관계는 껄끄러워질 수밖에 없고 오보에 대한 입장을 밝히는 것도 간단한 문제가 아니다.

그러나 최근 들어서는 많은 자치단체가 홈페이지를 통해 잘못 보도된 내용에 대해 해명하는 형태로 오보에 적극적으로 대응하고 있다.

이는 주민들에게 올바른 정보를 알려주는 것은 물론, 해당 기자에게 오보에 대한 책임을 간접적으로 물을 수 있다는 점에서 매우 바람직한 방법이다.

일선 기자들은 자치단체 홈페이지에 오보 해명코너가 있는 것만으로도 스스로 책임 의식을 가질 수밖에 없다.

만일 의도적이든 그렇지 않든 오보가 발생하면 해당 기자에게 신속하게 문제 제기를 해야 하며 이를 수용하지 않을 경우 해명코너를 통해 잘못된 보도에 대한 설명을 올려야 한다.

대부분의 광역자치단체가 오보에 대한 해명코너를 이용하고 있는데 비해 상당수의 기초단체는 아직도 이 코너에 관심을 두지 않고 있다. 그러나 한발 앞선 홍보 담당자라면 해명코너를 두어 기자들에게 이를 알리는 전략을 쓸 것이다.

살고싶은 도시 함께 만드는 인천	**해 명 자 료**		생활 속 거리두기 **새로운 일상**
	배포일자	2020년 9월 4일(금) 총 1매	
담당 부서	서부수도 사업소	담당자	• 급수운영팀장 ○○○ ☎720-3841 • 담당자 ○○○ ☎720-3844
보 도 시 점		배포 즉시 보도하여 주시기 바랍니다.	

뉴스1, '인천 수돗물서 또 벌레…'에 대한 해명자료
- 제보 속 벌레는 깔따구가 아닌 지렁이류, 수돗물에서는 살 수 없어 -

☐ 보도된 내용 중 해명할 부분

○ 서구 불로동 아파트 수돗물에서 깔따구 유충과 흡사한 벌레가 나왔다.

○ A씨는 "오전 6시쯤 욕실에 가보니 유충이 발견되어 관리실에 신고했다"고 말했다.

☐ 해명 내용

○ 기사 내용 속 제보자가 촬영한 사진과 동영상 자료를 전문가 합동정밀조사단 생물분야 전문가 2명에게 깔따구 유충 여부를 의뢰한 결과, 2명의 전문가 모두 해당 벌레는 깔따구가 아닌 수돗물에서는 발생하지 않는 실지렁이류라고 판단함.

※ 실지렁이는 소독내성이 약해 염소 소독을 하는 수돗물에서는 생존하기 어려움

출처 | 인천시 해명 자료

💬 보도 후에 감사 메시지 보내라

"정책에 참고하겠습니다."

정책이나 업무에 대한 비판 기사가 옳을 경우 업무 담당자는 해당 기자에게 간단한 인사성 멘트를 보낼 필요가 있다.

"기사 고맙습니다. 정책에 참고하겠습니다."라고 메시지를 보낸다면 그 기자와 좋은 인연을 맺을 수 있다. 해당 기자는 자신의 기사에 나름 긍지와 보람을 가질 것이고 담당자 역시 정책이나 업무에 있어서 협조와 도움을 받는 '우군'으로 활용할 수도 있다.

잘못된 보도에 대해서는 적극 해명하고 잘 된 보도에 대해서는 감사의 메시지를 보내는 것이다.

메시지를 받은 기자는 반드시 기사로 보답해 온다.

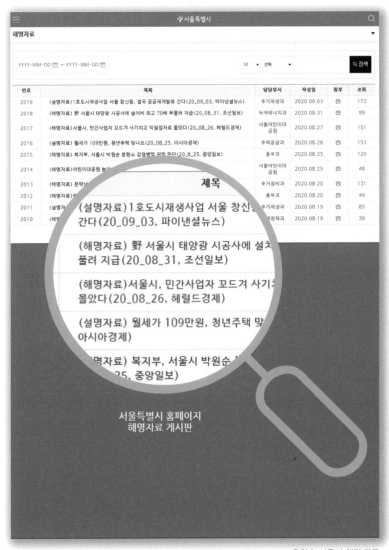

번호	제목	담당부서	작성일	첨부	조회
2019	(설명자료)1호도시재생사업 서울 창신동, 결국 공공재개발로 간다(20_09_03, 파이낸셜뉴스)	주거재생과	2020.09.03	⊠	173
2018	(해명자료) 野 서울시 태양광 시공사에 설치비 최고 70배 부풀려 지급(20_08_31, 조선일보)	녹색에너지과	2020.08.31	⊠	99
2017	(해명자료)서울시, 민간사업자 꼬드겨 사기치고 악질업자로 몰았다(20_08_26, 헤럴드경제)	서울어린이대공원	2020.08.27	⊠	151
2016	(설명자료) 월세가 109만원, 청년주택 맞나요(20_08_25, 아시아경제)	주택공급과	2020.08.26	⊠	153
2015	(해명자료) 복지부, 서울시 박원순 분향소 감염범법 위반 판단(20_8_25, 중앙일보)	총무과	2020.08.25	⊠	120
2014	(해명자료)어린이대공원 놀이	서울어린이대공원	2020.08.25	⊠	48
2013	(해명자료) 문턱낮	주거정비과	2020.08.20	⊠	131
2012	(해명자료)월세	총무과	2020.08.20	⊠	49
2011	(설명자	주거재생과	2020.08.19	⊠	85
2010	(해명	정책과	2020.08.19	⊠	39

서울특별시 홈페이지
해명자료 게시판

🗨 필수 개선 행정용어 100개 목록

(1) **개선 대상 외래어, 외국어**: 중앙행정기관 보도자료 상시점검 결과, 최근 3년 이내 5회 이상 출현한 외래어, 외국어 중 일반 국민이 이해하기 어려운 용어, 쉬운 대체어가 있어도 불필요하게 사용하는 외래어.(소계 50개)

번호	개선 대상 외래어, 외국어	원어	다듬은 말(순화어)
1	거버넌스	governance	민관 협력, 협치, 관리, 정책 [참고] 기후 변화 적응 거버넌스(→관리(또는 '정책')의 향상을 주제로 한 심포지엄/도시재생 거버넌스(→정책)/정보통신 거버넌스(→정책) 등과 같이 일부 문맥에서는 '관리'나 '정책'을 다듬은 말로 대체할 수 있음.
2	규제 프리존	規制 free zone	규제 자유 구역, 규제 (대폭) 완화 지역, 무규제 지역
3	규제 샌드박스	規制 sandbox	규제 유예 (제도)
4	니즈	needs	필요, 수요, 바람
5	데모데이	demoday	시연회, 시연일, 시범 행사(일), 사전 행사(일) ※ 개선 대상 용어와 다듬은 말의 의미가 완전히 일치하는 것은 아님. 한국 내에서 통용되는 의미를 위주로 다듬은 말을 선정함.
6	드론	drone	무인기
7	라운드 테이블	round table	원탁회의
8	롤모델	role model	본보기, 본보기상, 모범
9	리스크	risk	위험, 손실 우려, 손해 우려
10	마스터 플랜	master plan	종합 계획, 기본 계획, 기본 설계
11	매뉴얼	manual	지침, 설명서, 안내서
12	매칭	matching	연계, 연결, 대응 [참고] 정부가 각출한 자금과 맞먹는 개인 또는 단체의 각출 자금을 지칭하는 '매칭 펀드'의 경우, '대응 자금'이라고 다듬을 수 있음.
13	메가트렌드	mega trend	대세, 거대 물결
14	모멘텀	momentum	(전환) 국면, (전환) 계기, 동인(動因)
15	바우처	voucher	이용권
16	브라운백 미팅, 브라운백 세미나	brown bag meeting	도시락 강연회, 도시락 회의, 도시락 토론회
17	브로슈어	brochure	안내서, 소책자
18	세션	session	분과, 시간
19	스크린도어	screen door	안전문
20	스타트업	startup	창업 초기 기업, 새싹 기업
21	싱크 탱크	think tank	참모진, 참모 집단, 두뇌 집단
22	아웃리치	outreach	현장 지원 활동, 현장 원조 활동, 거리 상담

번호	개선 대상 외래어, 외국어	원어	다듬은 말(순화어)
23	아카이브	archive	자료 보관소, 자료 저장소, 자료 전산화, 기록 보관
24	액션 플랜	action plan	실행 계획
25	어젠다	agenda	의제
26	오피니언 리더	opinion leader	여론 주도자, 여론 주도층
27	원스트라이크 아웃제	one strike-out制	즉각 처벌 제도, 즉시 퇴출제
28	이니셔티브	initiative	주도권, 선제권, 구상, 발의, 발의권
29	제로화	zero化	원점화, 없애기, 뿌리 뽑기 [참고] '물놀이 안전사고 제로화(→없애기)', '인권침해 제로화(→뿌리 뽑기)' 등과 같이 일부 문맥에서는 '없애기', '뿌리 뽑기' 등을 다듬은 말로 대체할 수 있음.
30	쿼터	quota	한도량, 할당량
31	클러스터	cluster	산학 협력 지구, 연합 지구, 협력 지구
32	킥오프 회의	kick-off 會議	첫 회의, 첫 기획 회의
33	태스크포스(T/F)/ 태스크포스팀(T/F팀, TF팀)	task force/ task force team	특별팀, 전담팀, (특별) 전담 조직
34	테스트 베드	testbed	시험장, 시험대, 시험무대, 가늠터
35	투트랙	two-track	양면, 두 갈래
36	팸투어	familiarization tour	홍보 여행, 초청 홍보 여행, 사전 답사 여행
37	(…)풀	(…)pool	(…)후보군, (…)군, (…)명단
38	허브	hub	중심, 중심지
39	AI	① Artificial intelligence ② Avian Influenza	① 인공 지능 ② 조류 독감, 조류 인플루엔자
40	B2B/ G2G	Business to Business/ Goverment-to-Government	기업 간 (거래)/ 정부 간 (거래) [참고] 문맥에 따라 '거래' 대신에 '계약', '협력', '교류' 등을 골라 쓸 수 있음.
41	BI	Brand identity	브랜드 정체성
42	G20	Group of 20	주요 20개국
43	ICT	Information and Communications Technologies	정보 통신 기술
44	IoT	Internet of Things	사물 인터넷
45	IR	Investor relations	기업 설명회, 기업 상담회
46	IT	Information Technology	정보 기술
47	MOU	Memorandum of understanding	업무 협약, 양해 각서
48	O2O	Online to Offline	온오프라인 연계, 온오프라인 연계 마케팅, 온오프라인 연계 사업
49	ODA	Official development assistance	공적 개발 원조, 정부 개발 원조
50	R&D	Research and Development	연구 개발

※ 위 39번~50번의 다듬은 말(순화어)의 경우에, 괄호 안에 로마자를 나란히 표기할 수 있음.

(2) **개선 대상 한자어**: 공문서에 사용되는 일본식 한자어로서 의미 파악이 어려운 용어, 한문 교육용 기초한자(1800자) 범위 외의 한자로 구성된 어려운 용어, 쉬운 대체어가 있어도 불필요하게 사용하는 한자어.(소계 50개)

번호	개선 대상 한자어	원어	다듬은 말(순화어)
1	가료	加療	치료
2	가용하다, 가용한	可用--, 可用-	쓸 수 있다, 쓸 수 있는
3	개산/ 개산하다/ 개산급	槪算/ 槪算--/ 槪算給	어림 계산, 대략 계산/ 어림잡아 계산하다, 대략 계산하다/ 어림 지급, 대략 계산 지급
4	거양/ 거양하다	擧揚/ 擧揚--	올림, (드)높임, 듦/ 올리다, (드)높이다, 들다
5	게첩, 게첨/ 게첩하다, 게첨하다	揭帖, 揭添/ 揭帖--, 揭添--	게시, 내붙임, 내걺/ 게시하다, 내붙이다, 내걸다
6	견양	見樣, 見樣	보기, 본, 본보기, 서식
7	계류/ 계류되다/ 계류 중	繫留/ 繫留--/ 繫留 中	묶임/ 묶여 있다, 묶이다/ 검토 중
8	계리	計理	회계처리
9	금명간	今明間	곧, 오늘내일, 오늘내일 사이
10	금번	今番	이번
11	금회	今回	이번
12	내구 연한	耐久 年限	사용 연한, 사용 가능 기간, 사용 가능 햇수
13	내용 연수	耐用 年數	사용 연한, 사용 가능 기간, 사용 가능 햇수
14	단차	段差	고저차, 높이 차이, 높낮이 (차이) (예) 계단의 단차(→고저차/높이 차이)를 낮추거나 경사로를 설치하여 누구나 쉽게 이용할 수 있도록 해야 한다.
15	당해	當該	그, 해당
16	동년/동월/동일	同年/同月/同日	같은 해 / 같은 달 / 같은 날
17	동법/동조/동항	同法/同條/同項	같은 법 / 같은 조 / 같은 항
18	별건	別件	다른 건, 딴 건
19	부락	部落	마을
20	불시에	不時-	갑자기, 예고 없이
21	불입/ 불입하다	拂入/ 拂入--	납입, 납부, 냄/ 납입하다, 납부하다, 내다
22	불출/ 불출하다	拂出/ 拂出--	내줌, 공급, 지급/ 내주다, 공급하다, 지급하다
23	성료	盛了	성공적으로 마침, 성공적으로 끝남, 성대하게 마침
24	수범 사례	垂範事例	모범 사례, 잘된 사례
25	물품 수불 대장	物品 受拂 臺帳	물품 출납 장부, 물품 출납 대장

번호	개선 대상 한자어	원어	다듬은 말(순화어)
26	불상의, 불상인	不詳-	알 수 없는, 자세하지 않은 (예) 주소 성명 불상의, 불상의 이유, 수표번호 불상인 수표, 치료 일수 불상인 외상, 재산상 이익(액수 불상인 경우 포함)
27	수의시담	隨意示談	가격 협의
28	시건장치	施鍵 裝置	잠금장치
29	양도양수	讓渡讓受	주고받음, 넘겨주고 넘겨받음
30	*(콘크리트, 아스팔트 등)* 양생	養生	*(콘크리트, 아스팔트 등)* 굳히기 [참고] 문맥에 따라 '굳히는 중'으로도 쓸 수 있음. (예) 콘크리트 양생 중 → 콘트리트 굳히는 중
31	여입 결의	戾入決議	회수 결정
32	예가	豫價, 預價	예정 가격
33	예산 지변 과목	豫算支辨科目, 豫算支弁科目	예산 과목
34	예찰	豫察	미리 살피기
35	이격	離隔	벌어짐, 벌림, 떨어짐 [참고] '이격 거리'는 '떨어진 거리'로 순화
36	익일/익월/익년	翌日/翌月/翌年	다음 날 / 다음 달 / 다음 해
37	일부인	日附印	날짜 도장
38	임석	臨席	(현장) 참석
39	자동제세동기	自動除細動器	자동 심장 충격기
40	적기	適期	알맞은 시기, 제때, 제철
41	적의 조치/ 적의 조치하기 바람	適宜 措置	적절한 조치/ 적절히 조치하기 바람
42	지득/ 지득하다	知得/ 知得--	앎, 알게 됨/ 알다, 알게 되다
43	차년도	次年度	다음 해, 다음 연도
44	*(기부 등을)* 채납/ 채납하다	採納/ 採納--	*(기부 등을)* 받음, 받기/ *(기부 등을)* 받다, 받아들이다
45	첨두시	尖頭時	가장 붐빌 때, 수요가 최고일 때
46	초도순시	初度巡視	첫 시찰, 첫 둘러보기
47	*(경보, 사이렌 등을)* 취명/취명하다	吹鳴/吹鳴--	*(경보, 사이렌 등을)* 울림/울리다
48	*(공무원증, 출입증, 근조 리본 등을)* 패용/패용하다	佩用/佩用--	*(공무원증, 출입증, 근조 리본 등을)* 달기/달다 [참고] 흔히 공공기관 입구에 표기된 '신분증 패용' 문구는 '신분증을 달아 주십시오'로 다듬는 것이 좋음.
49	하구언	河口堰	하굿둑
50	행선지	行先地	목적지

□ **활용 방안**
  - 공문서, 보도자료 작성 시 반영
  - 각 부, 처, 청, 위원회 누리집(홈페이지) 게시판 등에 활용
  - 홍보물 제작 시 활용(예시: 기관별 업무 수첩, 포스터, 파일, 마우스 패드 등)

출처 | 국립국어원 공공언어과

CHAPTER 4

홍보대사
활용하기

홍보대사
활용하기

🗨 지역 이미지 업(Up) 도움

한동안 지역 홍보대사는 탤런트, 가수, 개그맨 등 연예인의 몫이었다.

공중파 등 방송에 노출이 많았던 인기가수나 탤런트, 스포츠선수 등은 자신의 출신지 홍보대사로 임명되는 경우가 많았다.

홍보대사는 단순히 얼굴로 지역을 알리거나 지역 행사에 출연, 이미지 홍보를 해왔다. 많은 자치단체가 홍보대사를 두는 것은 그의 유명세를 지역 이미지로 활용하기 위한 것이다.

최근에는 이 부분에도 변화가 왔다. 홍보대사 지정 범위가 연예인 위주에서 벗어나 다양하고 다채로워졌다. 정치인에서부터 인기 바람의 상승세를 탄 트로트 가수를 비롯해 작가, 인기 유튜버 등 자신의 분야에서 이름이 알려지면 홍보대사로 임명된다.

홍보대사 운영은 원칙적으로 무보수이다. 기획재정부가 연예인 홍보대사의 보수에 실비보상 성격의 사례금만 지급하도록 했기 때문이다.

이들은 시민들을 위한 공익활동과 주요 시책 홍보 및 재능기부 등을 통해 지역 홍보에 일조를 하는 것은 분명하다.

지역 이미지를 높이기 위해 활용하는 홍보대사, 어떻게 운영하면 좋을까?

💬 분야별 전문가를 찾아라

서울시는 2020년 현재 분야별로 30여 명의 홍보대사를 운영하고 있다. 최불암, 권해효, 이광기, 김나운 씨 등 9명의 배우를 비롯해 김미화, 박수홍, 사유리, 다니엘 린데만, 제이쓴 씨 등 방송인과 조수미, 지코, (여자)아이들 등 음악인은 물론 한국화가 김현정 씨, 이연경 아나운서, 홍혜걸—여예스더 의사 부부와 강주배 만화작가 등 분야별 전문가를 임용했다.

부산시는 유튜브 구독자 255만 명을 보유한 것으로 알려진 인기 유튜버 겸 아프리카 TV BJ 양팡을 홍보대사로 위촉했다. 양팡은 유튜브 구독자 255만 명에 총 조회 수가 12억 5천만 회에 달하는 국내 인기 BJ이자, 크리에이터로 부산 지역에 널리 알려진 인물이다.

20대 초반의 여성인 그는 미모에 부산 사투리를 써가며 다양한 콘텐츠로 독자들과 적극적으로 소통해 가며 부산을 널리 알리고 있다. 또 대구시 달성군이 300만 명 이상의 유튜브 구독자를 보유한 인기 BJ 보겸을 홍보대사로 임명, 유튜브에 대구 음식 등의 소식을 알려주고 있다.

💬 스토리 있는 사람을 발굴하라

경북 포항시는 골프계에서 '낚시꾼 스윙'으로 널리 알려진 최호성 프로를 홍보대사에 임명했다. 최 씨는 불굴의 의지로 성공을 이뤘다는 성공 스토리와 함께 온몸을 비트는 독특한 스윙 자세가 명성을 얻고 있다. 특히 그는 생계를 위해 막노동과 배달업 등을 해오다 숙식 제공이라는 말에 이끌려 골프장 아르바이트에 나섰다가 골프에 입문, 골프계에 이름을 날리고 있다는 사실이 언론에 소개되면서 명성을 얻게 됐다. 그를 PGA 투어대회에 나가게 해달라는 청원이 온라인을 달구었다.

그의 인생 스토리는 많은 사람들에게 관심을 불러오고 있으며 왕성한 활동만큼이나 포항의 이미지에 도움을 주고 있다.

경기도는 발달장애인으로 구성된 전문연주단 '드림 위드 앙상블'을 홍보대사로 임명했다. 드림 위드 앙상블은 연주단 9명 중 7명이 음악대학 출신으로 KBS '열린음악회'와 UN 특별행사와 평창 패럴림픽 등에서 초청공연을 했다. 이들은 발달장애인으로서 어려움을 극복하고 정상에 섰다는 점에서 눈길을 끌고 있다.

서울시의 관광 홍보대사 방탄소년단(BTS)을 빼놓을 수 없다.

지난 2017년 9월, 서울시 관광 홍보대사 활동을 시작한 BTS는 4년째 홍보대사로 서울을 전 세계에 알리고 있다. 글로벌 스타로 떠오른 그들의 인기는 그대로 홍보로 이어지고 있다. 서울 관광 홍보 영상은 일주일 만에 조회 수 1억만 회를 기록할 정도의 파워를 보였다.

폭발적인 인기에 힘입어 BTS의 서울시 관광 홍보대사는 한동안 계속될 전망이다.

경남 하동군은 홍보대사로 트로트 신동으로 불리는 정동원 군 (13)을 임명했다.

트로트 가수 정동원 군 하동군 홍보대사

자료 제공 | 하동군

정군은 초등학교 6학년 때 KBS 전국노래자랑 함양군 편에서 우수상을 수상해 유명세를 타기 시작했다. 하동군은 정군의 고향 마을길을 '정동원길'로 명명했으며 전국에서 찾아오는 관광객들에게 하동을 알리고 있다. 정군의 경남지역 팬클럽이 3만여 명에 달하는 것으로 알려지고 있다.

경기도 포천시와 전남 진도군도 TV조선 예능 '미스터 트롯'과 '미스트롯'의 우승자를 홍보대사로 각각 세웠다. 포천시의 홍보대사 임영웅씨는 '내일은 미스터트롯' 우승자이다. 임 씨가 인기를 끌면서 포천시도 덩달아 화제가 되고 있다. 그의 팬클럽들이 포천을 찾고 그의 포천 생활이 언론에 자주 노출되고 있다.

진도군의 홍보대사 송가인 씨 역시 뒤늦게 트로트 가수로 입문, 그의 가족관계와 일상이 화제가 되었다. 송 씨가 성장했던 진도군 마을이 유명 관광지가 되다시피 했다.

인천시는 교통사고 현장에서 응급 구조로 선행의 본보기가 되는 간호사 이애주 씨와 시각장애를 극복하고 재능기부에 앞장서고 있는 팝페라 가수 문지훈 씨를 각각 선정했다.

또 대구시는 댄스 신동이며 인기 유튜버로 활동하고 있는 10세의 나하은 양을 홍보대사로 임명했다. 하은 양은 대구 출신으로 걸그룹의 춤을 따라 추는 커버댄스 영상을 유튜브에 올려 구독자 300만 명을 확보하고 있다.

강원도는 외국인 유학생을 명예 홍보대사로 위촉했다. 강원도는 5명의 외국인 유학생을 통해 전 세계에 강원도의 자연·역사·문화 등을 알릴 계획이다.

자치단체들의 홍보대사는 스토리 있는 사람이 더 어필될 수 있다는 점을 먼저 생각해야 한다.

포천시 홍보대사 '임영웅' 팬들, 사랑의 기부 행렬

자료 제공 | 포천시청

경기도 포천시는 임영웅 씨를 홍보대사에 임명한 뒤 그의 팬들이 포천을 찾고 사랑의 기부 행렬에 동참했다고 밝혔다.

진도군 출신 가수 송가인, 고향 홍보대사 됐다

자료 제공 | 진도군청

전남 진도군은 진도가 고향인 가수 송가인 씨를 홍보대사에 위촉했다.

🗨 공개모집으로 소통하라

인천광역시는 홍보대사를 시 홈페이지와 SNS를 통하여 공개모집 한 뒤 홍보대사 추천위원회를 열어 11명을 선정했다. 공개모집을 하다 보니 보다 더 많은 사람들이 관심을 보였고 소통할 수 있었다.

분야별로는 일반 시민과 방송 연예 분야, 문화 예술 분야, 체육 분야 등에서 추천된 사람을 선정했다.

관심을 끄는 것은 이들이 연예인 출신 등 유명 인사가 아닌, 인천 출신이거나 인천 거주 또는 인천에서 활동하는 평범한 사람들이었다. 대부분 모범 선행 시민과 그동안 시 정책 홍보에 기여한 사람들이 뽑혔다.

어찌 보면 지방자치 시대에 적합한 홍보대사 선정 방식이다.

일부 자치단체에서는 인적 네트워크를 가진 유관 기관장들을 홍보대사에 임명, 군정 홍보에 나서기도 한다.

보도 자료: 인천시, 홍보대사 11명 위촉 '시민 소통의 장' 마련

일반시민 홍보대사 7명에는 ▲각종 매체 등에서 홍보모델 경력이 있는 오유민 학생 ▲인천시 대표 전 에어로빅 선수 신슬기 학생 ▲한복모델 출신이자 현재 인천지역을 사업장으로 광고분야 스타트업 최고경영자 (CEO)인 이미진씨 ▲시 정책 홍보에 적극 참여중인 인천e음 메인 홍보 영상 시민 연기자인 류은진씨 ▲다양한 지역 문화행사에 참여중인 인천출신 밴드인 정유천씨 ▲73일간 엘에이(LA)에서 뉴욕을 자전거 횡단하면서 인천을 홍보한 이건호씨 ▲지난 8월 교통 사고자를 현장에서 능숙하게 응급 구조하는 선행으로 언론에 소개되어 전 국민의 귀감이 되었던 이애주 간호사 등이 선정 되었다.

전문 방송인 및 연예인으로 활동하고 있는 ▲경인방송 시사토픽을 진행 중인 장용(개그맨) ▲최근 왕성한 출연으로 기대를 모으고 있는 문우진 (아역배우) ▲시각장애를 극복하고 재능기부 활동 등 다양한 활동을 펼치고 있는 문지훈(팝페라 가수)도 인천시 홍보대사로 위촉하였다.

출처 | 인천시 보도 자료

법적 시비 없는 사람 임명하라

홍보대사에 임명된 사람이 법적 시비에 휘말릴 경우 자치단체는 난감해진다. 한 걸음 더 나아가 만일 당사자가 사법 처리를 받게 된다면 지역 이미지까지 덩달아 훼손을 불러오게 된다.

A시와 B시가 유명 가수와 개그맨을 홍보대사로 임명했으나 이들에게 법적 문제가 발생하면서 뒤늦게 홍보대사 활동을 중단시킨 일이 있다.

해당 자치단체는 행사에 쓰기 위해 홍보대사의 얼굴을 담은 홍보 포스터와 광고물까지 제작했다가 이를 취소하는 해프닝을 벌였다.

해당 자치단체 홈페이지에는 시민들의 항의성 글이 올라왔고 자치단체는 득보다 실이 많아 뒤늦게 홍보대사를 바꿀 수밖에 없었다.

국내 유명 유튜버를 홍보대사로 임명한 C시의 경우 유튜버의 활동 장면에서 특정 제품의 광고 사진이 떴다. 유튜버는 이를 알리지 않았다가 이른바 '뒷광고' 의혹이 나오면서 네티즌들의 뭇매를 맞았다. 이 유튜버는 나중에 '유료광고 포함' 문구를 넣고 사과를 하면서 논란을 비껴갔으나 해당 자치단체의 이미지 타격은 불가피했다.

유명 인사를 홍보대사로 활용해야 하는 자치단체는 무엇보다 계약 성사가 먼저일 수밖에 없는 현실이나, 임명하기 전에 예상되는 홍보대사를 둘러싼 법률적인 문제 등을 반드시 검토해야 할 필요가 있다.

CHAPTER 5

자치단체 간의
「품앗이 홍보」

자치단체 간의
「품앗이 홍보」

💬 상생 홍보가 시너지 효과 높인다

자치단체 간의 '품앗이 홍보 교류'도 자치단체를 알리는데 상당한 기여를 한다.

이른바 '자매도시 협약'을 통해 이뤄지는 지역 간의 교류는 지역의 특산품이나 문화 행사 등을 통해 서로를 알리는 데 도움을 준다.

도시 간 교류를 활발히 하는 수원시와 포항시의 경우 자매도시 상생 홍보 교류 업무 협약을 맺고 홍보 담당 공무원의 교류를 비롯, 주요 행사를 서로 홍보해 가는 품앗이 홍보로 지역을 알리고 있다.

두 도시는 지역 농수산물직거래장터와 우수 수산물 홍보 활동도 함께 해오고 있다.

제주시는 경기도 수원시와 충남 공주시, 전북 전주시, 전남 진도군 등과 홍보 교류 업무 협약을 체결, 홍보 효과를 올렸으며 청주시와 수원시간에도 홍보 교류 업무 협약을 갖고 주요 문화 관광 행사의 교차 홍보를 해오면서 시너지 효과를 냈다.

청주시와 대전 유성구는 서로가 홍보 매체를 활용해 주요 사업과 축제 홍보를 꾀하고 있다. 또 수원시와 의성군 역시 홍보 교류를 통해 서로를 알리고 있으며 수원시 SNS를 활용해 의성군에서 열리는 '산수유마을 꽃맞이 축제'를 소개하기도 했다.

또 대전시와 충남 공주시, 충남 부여군 전북 익산시 등 대한민국 테마 여행 10선 9권역 자치단체들은 금강 백제권역의 관광지 개발 및 홍보를 위한 협력 사항을 실시해 왔다.

지리적으로 가까운 인접 시·군 간의 네트워크를 통해 홍보 효과를 높이는 방법도 있다.

지난 2016년 부산, 울산, 경남이 대표 SNS를 통해 매월 한 차례씩 관광, 축제, 먹거리 등 지역 소식을 담은 '부울경 삼총사' 기획 홍보를 펼쳐 호응을 받았다.

이후 상당수의 자치단체가 인접 시·군 간에 연계 시스템을 활용한 홍보전에 돌입했다.

봄철 산수유꽃과 매화 축제로 유명한 전남 광양시과 구례군, 경남 하동군은 봄꽃 축제를 테마로 홍보 책자를 공동으로 만들거나 홍보 협력을 통해 관광객 유치에 함께 나섰다.

지리적으로 가까운 전남 담양군과 화순군은 2017년 서울 코엑스에서 열린 '2017 내 나라 여행박람회'에 참가, 이색적인 공동 홍보로 언론의 조명을 받았다.

또 동해안을 끼고 있는 울산과 포항, 경주시는 '해오름 동맹'을 맺고 3개 도시가 연계한 관광객 유치와 공동 홍보 관광 마케팅을 위한 협력관계를 구축하고 공동 홍보를 펼치고 있다.

❤부울경 삼총사 런칭 이벤트❤

부울경 삼총사를 좋아해줘!

부산, 울산, 경남 SNS가 손잡고 여러분께 인사드립니다.
매월 1회 '부울경 삼총사' 코너를 통해 부울경의 꿀정보를 알려드릴텐데요.
코너 런칭기념 '좋아요' 이벤트를 개최하니 많이 참여해주세요!

참여방법 부산, 울산, 경남 카카오스토리 '구독하기' 후 댓글 남기기
(3스토리 모두 '구독하기'하면 당첨확률 UP)

이벤트 기간 2016. 02. 05 ~ 02. 14 **당첨자발표** 2016. 02. 16
상품발송 2016. 02. 19 이내 **상품** 5천원 상당의 모바일 상품권(40명)

출처 | 부산광역시 페이스북 캡처

경기도의 경우 경기 북부 10개 시·군과 손잡고 북부 지역 특성을 살린 전략적 홍보를 해왔고 설악산을 중심으로 인접한 속초시, 인제군, 고성군, 양양군이 관광 홍보물을 공동으로 비치하고 관광 네트워크를 통한 홍보 시너지 효과를 높이고 있다.

지역 화폐를 활용한 품앗이 홍보가 효과를 냈다.

경기도가 지난 2019년 도내 31개 시·군과 소통하고 상생하기 위해 추진했던 경기 지역 화폐 '품앗이 홍보'가 지역 시·군 간의 연계 홍보로 주목을 받았다.

경기도의 품앗이 홍보는 경기도가 31개 시·군의 지역 화폐 보도 자료와 방송 콘텐츠를 경기도 대변인실에서 제작해 배포하는 '원스톱 협업 홍보 서비스' 형태이다.

경기도의 품앗이 홍보는 의왕시의 지역 화폐 '의왕사랑 상품권, 안산(다온), 시흥(시루), 용인(와이페이), 이천(이천사랑 지역 화폐), 김포(김포페이)' 등 6개 지역으로 이뤄졌다.

이처럼 정책 사업을 시·군 간의 공동 시스템으로 연계한 품앗이 홍보는 광역과 자치단체 간의 협업으로 홍보의 효율성을 높일 수 있다는 장점이 있다.

지역 축제가 품앗이 홍보로 지역 경제에 도움을 주고 있다.

2019년 이철우 경상북도지사의 제안으로 이뤄진 '제7회 낙동강 세계평화축전' 홍보에 권영진 대구시장이 축제를 알리는 피켓을 들고 SNS 홍보에 나서 지역 품앗이 홍보의 대표적인 케이스로 떠올랐다.

💬 산불, 코로나 등 재난에도 활용

자치단체 간의 연계 시스템 홍보는 코로나 기간 방역 활동 차원에서 활발히 이뤄져 이미 그 성과가 입증되었다.

코로나 기간에 광역자치단체와 기초자치단체 간에 코로나 방역을 위한 문자메시지 전송 등 SNS가 활발히 이뤄졌다.

인접 시·군 간의 연계 홍보 시스템은 단순히 홍보 시너지 효과를 높일 수 있다는 장점 외에도 재난이나 비상 상황에서 지역민들에게 실시간 정보를 알릴 수 있다는 점에서 적극적으로 시도해 볼 만하다.

산불 등의 재난 피해를 줄이기 위해서도 시·군 간의 연계 시스템을 마련해 활용할 가치가 충분하다.

홍보의 기술
시장군수 영웅 만들기

저 자 백덕

1판 1쇄 발행 2021년 01월 08일

저작권자 백덕

발 행 처 하움출판사
발 행 인 문현광
교   정 김은성
편   집 이정노
주   소 전라북도 군산시 축동안3길 20, 2층 하움출판사
I S B N 979-11-6440-738-5

홈페이지 http://haum.kr/
이 메 일 haum1000@naver.com

좋은 책을 만들겠습니다.
하움출판사는 독자 여러분의 의견에 항상 귀 기울이고 있습니다.

이 도서의 국립중앙도서관 출판예정도서목록(CIP)은 서지정보유통지원시스템 홈페이지(http://seoji.nl.go.kr)와
국가자료종합목록 구축시스템(http://kolis-net.nl.go.kr)에서 이용하실 수 있습니다.
(CIP제어번호 : CIP2020055370)